新手从零开始学系列

财务经理

财务运作·税务管理·内部审计·企业内控

新创企业
管理培训
中心

组织编写

U0319567

化学工业出版社

·北京·

内容简介

《财务经理：财务运作·税务管理·内部审计·企业内控》一书全面而深入地探讨了财务经理在企业中的核心职责与实际操作。全书共分为四章，从宏观的财务运作到微观的税务管理、内部审计和企业内控，内容涵盖了财务管理的各个方面。

本书旨在帮助有志于从事财务管理工作的读者全面了解财务经理的工作范围、职责和核心任务，帮助他们确立有效的管理方法和思路，掌握财务运营的实用技巧与策略。通过本书的学习，读者可以深入了解财务管理的实际操作，提升税务筹划与风险管理能力，掌握内部审计的技巧和方法，以及加强企业内控体系的建设。

本书采用模块化设置，循序渐进地引导读者从基础知识到实际操作，既适合初学者入门，也适合有经验的财务经理提升管理技能，是一本不可或缺的财务管理工作手册和工具书。

图书在版编目（CIP）数据

财务经理：财务运作·税务管理·内部审计·企业内控 / 新创企业管理培训中心组织编写 . —北京：化学工业出版社，2024.6

（新手从零开始学系列）

ISBN 978-7-122-45445-4

Ⅰ.①财… Ⅱ.①新… Ⅲ.①企业管理-财务管理 Ⅳ.①F275

中国国家版本馆 CIP 数据核字（2024）第 075752 号

责任编辑：陈　蕾　　　　　　　　　　　　装帧设计：溢思视觉设计／程超
E-mail: isstudio@126.com

责任校对：王鹏飞

出版发行：化学工业出版社（北京市东城区青年湖南街 13 号　邮政编码 100011）
印　　装：三河市双峰印刷装订有限公司
787mm×1092mm　1/16　印张 12¼　字数 230 千字　2024 年 7 月北京第 1 版第 1 次印刷

购书咨询：010-64518888　　　　　　　　　　售后服务：010-64518899
网　　址：http://www.cip.com.cn

　　财务管理是对企业的营运资金投入及收益过程和结果进行衡量与校正，目的是确保企业目标以及为达到此目标所制订的财务计划得以实现。财务管理是企业管理的一个组成部分，是企业实施财务活动、处理各方面财务关系的一项综合性管理工作。

　　财务管理也是一种价值管理，贯穿于企业的一切经济活动之中。企业资金的筹集、使用和分配，以及一切涉及资金的业务活动都属于财务管理的范围。企业的生产、经营、采购、销售、库存等每一环节都离不开财务反映和调控，企业的经济核算、财务监督，更是对企业经济活动的有效制约和检查。财务管理作为一项综合的管理工作，在追求企业价值最大化过程中，具有举足轻重的作用。

　　由此可见，财务部门在企业中的作用至关重要。随着国际化趋势的发展和企业面临的新挑战，单纯的核算型财务已经无法满足企业快速发展的需要，财务部门正由核算型向战略型、价值创造型转变，扮演的角色也越来越丰富，包括财务决策分析、经营目标制定、纳税筹划管理、企业内部审计、企业内部控制、业务合作等。

　　为适应经济的发展，对财务部门经理人的能力要求也越来越高，财务经理不仅要具备基本的专业能力和管理能力，还要树立全新的财务管理理念，充分发挥财务部门的作用，带领财务团队为企业创造更多的价值和效益。

　　那么，作为一名新上任的财务经理，该如何做好财务管理工作，需要从哪些方面入手呢？

基于以上问题，我们组织编写了《财务经理：财务运作·税务管理·内部审计·企业内控》一书。本书涵盖了从宏观到微观的各项财务管理工作，具体包括财务运作、税务管理、内部审计和企业内控四章内容。

本书可以帮助财务管理人员全面了解财务经理的工作范围、职责、核心，确立正确的管理方法和思路，掌握运营技巧与策略，更好地规划职业发展方向。

本书采用模块化设置，注重可操作性，内容由浅到深、循序渐进，是一本非常实用的指导手册和入门工具书。

由于编者水平有限，书中难免出现疏漏，敬请读者批评指正。

编　者

目录

导读　财务管理认知··· 1

──────────◆　第一章　财务运作　◆──────────

财务运作在企业管理中属于较高层次，是对企业价值的综合管理，是企业管理的重要组成部分，贯穿于企业的各个领域和环节。为了使企业的财务运作正常开展，财务经理应加强财务团队管理、财务信息系统建设、财务预算控制、成本控制、财务稽核管理、财务风险控制、财务分析等工作。

第一节　财务团队管理·· 7
　　一、财务岗位设置·· 7
　　二、财务人员岗位轮换·· 8
　　　　范本　会计岗位轮换制度·· 9
　　三、会计人员工作交接··· 10
　　四、财务人员绩效考核··· 14
第二节　财务信息系统建设··· 17
　　一、财务管理信息化的效益··· 17
　　二、财务信息系统建设目标··· 18
　　三、财务信息系统应具备的功能····································· 18
　　四、财务信息化方案设计总体思路··································· 19
　　五、财务信息系统模块规划··· 19

第三节　财务预算控制·······21

一、企业财务预算的编制程序·······21

二、企业财务预算的编制方法·······22

三、预算执行情况报告制度·······25

四、预算事前监控·······27

五、预算事中监控·······27

六、预算外事项的处理·······28

七、超预算事项的确定·······28

八、预算分析·······29

九、预算调整·······30

十、预算考核·······32

第四节　成本控制·······34

一、成本费用管理基础工作·······34

二、成本费用的核算·······36

三、成本费用会计凭证管理·······38

四、成本控制报告与纠偏·······39

第五节　财务稽核管理·······40

一、设置稽核机构及岗位·······40

二、财务稽核的基本要求·······41

三、财务稽核的流程·······41

四、财务稽核事项·······44

第六节　财务风险控制·······46

一、财务风险的概念及特征·······46

二、财务风险的分类·······47

三、我国企业财务风险现状及成因·······47

四、财务风险的防范·······48

　　　范本　财务风险管理办法·······50

第七节　财务分析·······57

一、财务分析的资料与素材·······57

二、财务分析的方法·······58

三、财务分析的内容·······59

四、撰写财务分析报告·······64

税务管理是财务经理日常工作的一个重要组成部分。只有做好了税务管理工作，才能为企业节省成本，提高经济效益。

第一节 企业的税务管理·······················67

一、设立税务管理岗·························67

二、税务登记管理···························68

三、加强税务核算···························68

四、按时进行纳税申报及缴纳税款···········69

五、销售发票的管理·························69

六、增值税业务合同签订·····················73

七、税务档案管理···························75

第二节 税务检查应对·······················76

一、税务检查的内容·························76

二、税务检查的方法·························76

三、主动开展内部税务检查···················76

四、积极配合税务机关的检查·················77

五、税务检查中纳税人的权利与权益维护·······78

六、税务检查后的调账·······················82

第三节 纳税自查···························85

一、何时开展纳税自查·······················86

二、纳税自查的原因·························86

三、根据税务机关的要求自查·················87

四、编写自查报告···························88

范本 ××有限公司年度税务自查报告·······89

五、与税务机关沟通·························90

六、分析纳税失误的原因·····················90

七、避免纳税失误的措施·····················90

第四节 纳税筹划与控制·····················92

一、纳税筹划与逃税的区别···················92

二、纳税筹划的基本要求·····················92

三、纳税筹划的切入点·······················93

四、纳税筹划技术···························95

范本　××公司减税、免税申请报告 ……………………………………96

　　相关链接　税收政策特定条款 …………………………………………98

五、纳税筹划的常见方式 ………………………………………………………99

六、纳税筹划方案制定与执行 …………………………………………………99

第五节　税务风险识别与控制 ………………………………………………100

一、税务风险现状与成因分析 …………………………………………………100

二、风险识别和评估 ……………………………………………………………101

三、税务风险控制的内容 ………………………………………………………104

四、税务风险应对策略 …………………………………………………………105

五、税务风险的防范 ……………………………………………………………106

◆　第三章　内部审计　◆

内部审计是在企业内部建立的一种独立评价机制。通过内部审计，可以评价企业内控制度是否健全、有效，达到查错防弊，改进管理，提高经济效益的目的；还可以帮助企业领导层有效履行职责，规范企业运作，降低运营风险，完成企业经营目标。

第一节　内部审计概述 …………………………………………………………110

一、内部审计的内容 ……………………………………………………………110

二、内部审计的层次 ……………………………………………………………111

三、内部审计与外部审计 ………………………………………………………111

四、内部审计的职能 ……………………………………………………………113

五、内部审计的阶段 ……………………………………………………………114

第二节　审计准备阶段 …………………………………………………………114

一、编制年度审计工作计划 ……………………………………………………114

　　范本　××公司年度审计计划 ………………………………………117

二、编制项目审计实施方案 ……………………………………………………122

　　范本　审计工作方案 …………………………………………………125

三、下达审计通知书 ……………………………………………………………128

　　范本　内部审计通知书 ………………………………………………129

第三节　审计实施阶段 …………………………………………………………129

一、初步调查 ……………………………………………………………………129

　　范本　经济运营情况审计启动会（暨汇报会）议程 …………………130

二、分析性程序及符合性测试 …………………………………………………133

三、实质性测试及详细审查 ································· 137

四、编写审计工作底稿 ································· 139

第四节　审计终结阶段 ································· 140

一、编制审计报告 ································· 140

范本　关于"××店资产验收专项审计报告"的征求意见书 ······ 142

范本　内部控制审计报告 ································· 145

二、审计复核 ································· 149

三、审计资料整理、归档 ································· 150

第五节　后续审计阶段 ································· 153

一、后续审计范围 ································· 154

二、后续审计时间 ································· 154

三、后续审计方案 ································· 154

四、后续审计报告 ································· 155

第四章　企业内控

　　企业内部控制体系由一系列具有控制职能的方法、措施和程序组成，能够促进企业业务活动有序进行，保障企业资产安全完整，防范和纠正错误与舞弊，确保财务报告真实完整，提高企业经营效率和效果。具体来说，企业内部控制的方法包括不相容职务分离控制、授权审批控制、会计系统控制、财产保护控制、预算控制、风险评估与管理、信息与沟通、内部监督与审计，这些方法和措施相互关联、相互支持，共同构成了一个完整的内部控制体系。

第一节　企业内部控制概述 ································· 158

一、什么是内部控制 ································· 158

相关链接　我国企业内部控制规范体系的构成 ················ 158

二、内部控制的目标 ································· 159

三、内部控制的基本原则 ································· 160

四、内部控制的责任主体及职责 ································· 161

五、内部控制的五大要素 ································· 162

六、企业内控的核心节点 ································· 174

第二节　企业内部控制体系搭建 ································· 176

一、企业内控体系的框架搭建 ································· 176

二、进行风险评估 ································· 178

三、完善内部控制规则 ·· 178

四、持续评价与提升 ·· 180

第三节　企业内部控制自我评价 ·· 181

一、内部控制评价的内容 ·· 181

二、内部控制评价的程序 ·· 182

三、对内部控制进行测试 ·· 183

四、对内部控制进行评价 ·· 184

五、编写内部控制评价报告 ·· 184

范本　××股份有限公司20××年度内部控制评价报告 ·················· 185

财务管理认知

　　财务管理是对企业营运资金投入及收益过程和结果进行衡量与校正，目的是确保企业目标以及为达到此目标所制订的财务计划得以实现。财务管理是企业管理的一个组成部分，是根据财经法规制度，按照财务管理原则，组织企业财务活动，处理财务关系的一项经济管理工作。

　　在学习财务管理知识前，财务经理一定要对自己有个定位，了解自己的岗位职责、工作目标和素质要求、能力要求。

　　图0-1是一则×× 招聘网站上发布的财务经理招聘信息。

岗位职责：

1. 根据公司发展战略，组织制订财务规划，参与公司重大财务问题的决策。

2. 组织制定公司年度 / 季度财务预算，及时跟踪并反馈预算的执行情况。

3. 建立内控制度，完善财务治理、公司财务控制等各项工作。

4. 负责完成成本、项目、应收应付、费用等核算工作及各项报表的编制工作。

5. 负责日常财务核算的审核、各类报表的审核。

6. 负责税务筹划、资金统筹及财务审计工作。

7. 负责与银行、税务、其他金融机构的沟通与协调。

8. 配合公司的审计工作，提供所需的财务数据及资料。

9. 负责部门内部绩效管理、人员培养、团队建设等工作。

10. 完成领导交办的其他工作任务。

任职资格：

1. 本科以上学历，财会相关专业。

2. 具有 5 年以上财务经理岗位经验，至少有中级会计师职称。

图 0-1

3.熟悉国家财税法律规范、当地税务政策、国家会计准则以及相关政策。

4.具有成本管理分析、财务内控机制搭建、费用管控等方面经验。

5.具有良好的沟通协调能力、分析判断能力、抗压能力和团队管理能力。

图0-1　××招聘网站上发布的财务经理招聘信息

从以上内容可以看出，财务管理工作是千头万绪、纷繁复杂的。作为一名财务经理，要懂的、要做的事情非常多。以下就对财务管理工作做一个简单介绍。

1.财务管理工作层次

如果企业的财务管理工作还停留在记账、核算层次，那么只能说明企业的各级财务人员需要进一步提升工作能力。因为，财务管理的最终目的是给企业创造更多效益，而不是只做会计或出纳工作。一般将财务管理工作分为图0-2所示的三个层次。

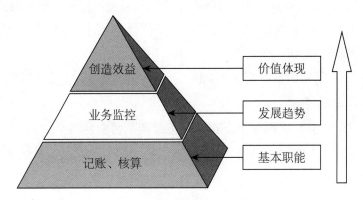

图0-2　财务管理工作层次

2.财务管理目标

财务管理的目标具体如图0-3所示。

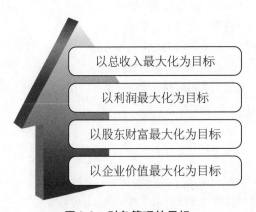

图0-3　财务管理的目标

3.财务管理主要内容

（1）组织规划控制

根据财务过程控制的要求，企业在确定和完善组织结构的过程中，应遵循不相容职务相分离的原则，即一个人不能兼任同一部门财务活动中的不同职务。

企业的经济活动通常有五个步骤：授权、签发、核准、执行和记录。如果每一步骤都由相对独立的人员或部门实施，就能够保证不相容职务的分离，有利于财务过程控制作用的发挥。

（2）授权批准控制

授权批准控制是指对企业内部各部门或员工处理经济业务的权限进行控制。企业内部各部门或员工在处理经济业务时，必须得到授权批准。授权批准控制可以保证企业既定方针的执行，并限制职权滥用。授权批准的基本要求如图0-4所示。

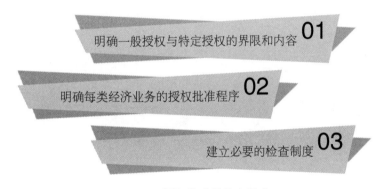

明确一般授权与特定授权的界限和内容　01

明确每类经济业务的授权批准程序　02

建立必要的检查制度　03

图0-4　授权批准的基本要求

（3）预算控制

预算控制是财务管理的一个重要内容，贯穿于融资、采购、销售、投资、管理等经营活动的全过程。预算控制有以下两点要求。

① 所编制的预算必须体现企业的经营管理目标，并有明确的责任界定。

② 预算执行中，允许经过授权批准的人员对预算进行调整。

（4）成本控制

成本控制是指对从物资采购到产品最终售出的过程进行控制，具体包括物资采购成本控制、产品销售成本控制等方面。

（5）风险控制

风险控制是指防止出现不利于企业经营目标实现的各种风险。在这些风险中，经营风险和财务风险极为重要。

经营风险是指因生产经营原因给企业盈利带来的不确定性。财务风险往往来自融资风险，是指因举债而给企业财务带来的不确定性。由于经营风险和财务风险对企业的发展具有很大的影响，所以企业在进行各种决策时，必须尽力规避这两种风险。

（6）稽核控制

稽核控制主要是指企业内部稽核，是对会计工作的控制和再监督。内部稽核一般包括内部财务稽核和内部经营管理稽核。内部稽核对会计资料的监督、审查，不仅是财务管理的有效手段，也是保证会计资料真实、完整的重要措施。

第一章
财务运作

　　财务运作在企业管理中属于较高层次，是对企业价值的综合管理，是企业管理的重要组成部分，贯穿于企业的各个领域和环节。为了使企业的财务运作正常开展，财务经理应加强财务团队管理、财务信息系统建设、财务预算控制、成本控制、财务稽核管理、财务风险控制、财务分析等工作。

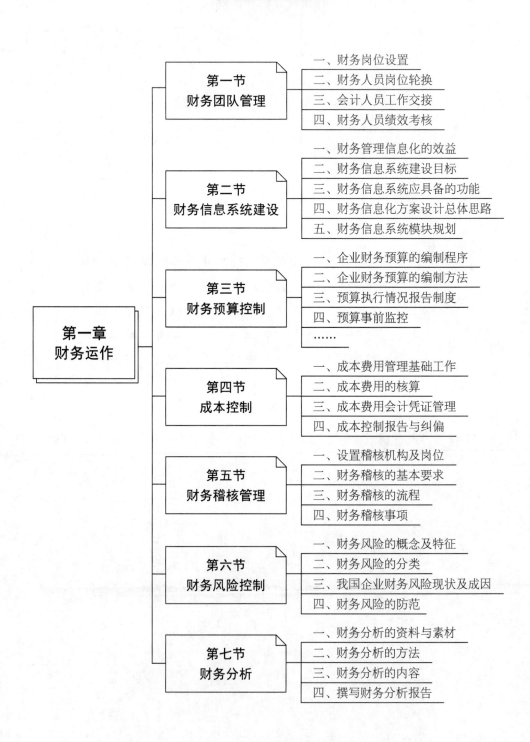

第一节　财务团队管理

财务经理是一位管理者，全面负责财务部门的日常管理工作，组织并督促部门人员完成本部门职责范围内的各项工作任务。为了高效地完成财务工作，财务经理必须对部门人员进行有效的管理。

一、财务岗位设置

任何一个部门的事务都需要一个团队才能完成，作为财务经理，必须组建自己的团队，依靠团队的力量来完成工作。

1.财务经理的下属构成

财务经理的下属即财务部门的各级职员，包括出纳、成本会计、销售会计、税务会计、总账会计等。不同规模的企业，财务部门的规模也不一样，财务经理的下属构成也不一样。

2.财务部门的岗位设置

（1）财务部门岗位设置的基本要求

财务部门岗位设置的基本要求，如图1-1所示。

符合内部牵制要求	执行回避制度	执行会计人员岗位轮换制度
会计工作可以一人一岗、一人多岗或者一岗多人，但出纳不得兼管稽核，会计档案保管，收入、费用、债权债务账目的登记工作	企业领导人的直系亲属不得担任本单位会计机构的负责人、会计主管。会计机构负责人的直系亲属不得在本单位会计机构从事出纳工作	会计工作应定岗、定员，并有计划地进行会计人员岗位轮换，这并不仅使会计人员全面熟悉财会工作、扩大知识面、增强业务素质、提高工作水平，还能加强会计工作的内部监督。轮换时，会计人员应按规定办理交接手续。岗位轮换一般2～3年执行一次，最长不超过5年

图1-1　财务部门岗位设置的基本要求

（2）岗位设置与分工

要根据企业管理的实际需要来设置财务主管、管理会计、总账报表会计、现金出纳、银行出纳、往来结算、固定资产核算、成本费用核算、纳税申报、增值税票管理和稽核等工作岗位。

（3）各岗位的职责

对每一个岗位，都要明确岗位职责，使财务部门各岗位的人员都能各司其职。

二、财务人员岗位轮换

岗位轮换是指财务部门有计划地按规定的期限让会计人员轮换，从事若干不同岗位的工作，从而达到培养会计人员多种能力、开展会计人员在职训练、考察会计人员的适应性以及培养业务主管等目的。

1.岗位轮换的原则和内容

会计岗位轮换遵循不相容职务相分离的原则，应实行职务分管、职务轮换、内部稽核，主要包括以下几项内容。

（1）授权与执行职务分开。

（2）执行与审查职务分开。

（3）保管与记账职务分开。

（4）保管与核对职务分开。

（5）出纳不得兼管稽核，会计档案保管，收入、费用、债权债务账目的登记工作。

2.轮换方式与轮换时间

会计人员岗位轮换方式包括整个岗位轮换和部分岗位轮换，通常每两年轮换一次。个别岗位轮换时间视具体情况而定。

3.岗位轮换的方法

（1）全面完善会计岗位轮换制度

财务经理在实施岗位轮换工作前，要制定明确的岗位轮换管理办法，建立完整的岗位说明书以及作业流程图。在合理设置组织机构的基础上，将部门承担的工作划分为若干具体的工作，并明确岗位职责、工作标准，对权限和责任进行控制。财务经理可通过绘制清晰的作业流程图，让每个员工都能一目了然地知道岗位工作内容、岗位操作程序及与其他岗位的关系；还应将工作中好的经验固化下来，这样能容易发现内部控制的不足和风险，有助于内部控制制度的持续完善。

（2）进行全面的财务专业知识和技能培训

财务经理要注意对员工开展全方位的财务专业知识和技能培训，除本岗位相关知识外，还要关注其他岗位政策、要求的变化，使员工有机会了解和较为系统地学习其他岗位的相关知识。这样员工不仅可以提前熟悉其他岗位的工作；也可以互相启发，不断更新知识技能，提高创新能力；还可以增强从事其他岗位工作的自信心。培训可以辅以必要的企业主营业务知识，以拓宽员工知识面，多角度提高员工的职业判断能力。

（3）合理确定岗位轮换时间

财务经理应根据岗位特点合理确定岗位轮换时间，时间长短可根据岗位的技术含量而定。岗位技术含量高，则轮换时间长。出纳这种接触货币资金较多、操作较为规范和明确的岗位可以每年轮换，而报表管理、财务分析等较多依赖经验和专业知识的岗位则不宜每年轮换。

下面提供一份某企业的会计岗位轮换制度，仅供参考。

会计岗位轮换制度

1. 总则

为了提高会计人员的基本业务技能，促进会计基础工作的改善和提升，使会计人员熟悉各个会计岗位的工作、职责，不断提高会计人员的素质，根据《会计法》《会计基础工作规范》的规定，特制定本制度。

2. 岗位轮换的对象

2.1 对从事原会计岗位2～4年的会计人员，均应按本制度规定安排岗位轮换。

2.2 对工作中出现问题或不能胜任的会计人员，经领导批准，也可适时安排轮换。

3. 岗位轮换的办法

3.1 岗位轮换原则上在科室内部进行，财务负责人可根据岗位分工情况，决定会计人员的轮岗方式及轮岗顺序。

3.2 岗位轮换原则上每两年进行一次，最多不超过四年。

3.3 岗位轮换的组织与准备。

（1）科室在安排岗位轮换时，应提前一个月将本科室岗位轮换计划报办公室审核，经主管副总经理批准后方可安排轮换。

（2）在安排人员轮岗时，应至少提前一个月通知本人，以便其熟悉新的会计岗位业务。

（3）轮岗前，必须按规定在财务部负责人或其委派的主管会计的监督下进行会计工作交接，并填写交接单；交接后，移交人有义务协助处理未了结的事项。

（4）会计人员轮岗时间一般安排在年初，和会计年度相一致。

（5）如因特殊情况（如重大事件处理未果），岗位轮换会影响工作的，经所在科室领导申请和主管副总经理批准后，可暂缓岗位轮换，待工作完成后再进行。

4.岗位轮换的要求

4.1 会计人员应当从工作大局出发，服从轮换安排，自觉进行岗位轮换。

4.2 轮换人员必须在指定的时间内，将原岗位的任务、财产、注意事项、存在的问题等交接清楚。

4.3 轮换人员不得私自将使用的公用物资带往新岗位。

4.4 轮换人员在工作交接中不得设置人为障碍、故意隐瞒情况、消极对待工作。

4.5 对违反轮换纪律、经过教育仍不悔改的轮换人员，按企业有关规定处理。

三、会计人员工作交接

会计人员工作交接是指会计人员因工作调动、离职或生病暂时不能工作时，与接管人员交接工作的一种程序。做好会计工作交接，可以使会计工作有效衔接，确保会计工作的连续性，还可以防止因会计人员更换而出现账目不清、财务混乱等现象。

1.会计人员工作交接的基本要求

（1）会计人员在调动工作或离职时必须办理会计工作交接，未办理交接手续不得调动或离职。

（2）会计人员临时离职或因病不能工作的，财务经理或企业管理人员应指定专人接替或者代理其工作，并与其办理会计工作交接手续。

（3）临时离职或因病不能工作的会计人员恢复工作时，应当与接替或代理人员办理工作交接手续。

（4）移交人员因病或其他特殊原因不能亲自办理移交手续的，经单位负责人批准，移交人员可委托他人代办交接，但移交人应当对所移交的会计凭证、会计账簿、财务会计报告和其他有关资料的真实性、完整性负法律责任。

2.会计工作交接的基本程序

（1）准备工作

不同人员的交接准备工作是不一样的，具体说明如表1-1所示。

表1-1　不同人员的交接准备工作

序号	人员类别	准备工作
1	会计人员	（1）将已经受理的经济业务尚未填制的会计凭证填制完毕 （2）将尚未登记的账目登记完毕，并在最后一笔余额后加盖经办人员印章 （3）整理好应该移交的各项资料，对未了事项和遗留问题要写出书面说明材料 （4）编制移交清册，列明应该移交的会计凭证、会计账簿、财务会计报表、印章、现金、支票簿、发票、文件、其他会计资料和物品等内容；从事会计电算化工作的移交人员，应在移交清册上列明会计软件及密码、会计软件数据盘及有关资料和实物等内容
2	财务负责人	应将全部财务会计工作、重大财务收支和会计人员的情况等向接替人员介绍清楚，对移交的遗留问题应提供书面材料

（2）交接

交接双方应在规定的期限内，按照移交清册列明的内容逐项进行交接。交接的基本要求如图1-2所示。

（3）监交

会计工作交接时，必须有专人负责监交，以保证交接工作的顺利进行。

一般会计人员办理交接手续时，由财务经理监交；财务经理办理交接手续时，由企业管理人员监交，必要时主管部门可以派人会同监交。

（4）交接完毕签字

会计工作交接完毕后，交接双方和监交人应在移交清册上签名或盖章，并在移交清册上注明企业名称、交接日期，以及交接双方和监交人的职务、姓名，移交清册由交接双方各执一份，存档一份。接管人员应继续使用移交前的账簿，不得擅自另立账簿，以保证会计记录前后衔接、内容完整。

要求一	对现金要根据会计账簿余额进行点交，不得短缺。接替人员如发现不一致或有"白条抵库"现象，移交人员负责在规定期限内查清楚
要求二	会计凭证、会计账簿、财务会计报告和其他会计资料必须完整无缺。如有短缺，移交人员必须查清原因，并在移交清册中加以说明
要求三	银行存款账户余额要与银行对账单核对相符，如有未达账项，移交人员应编制银行存款余额调节表进行调节
要求四	各种财产物资和债权债务明细账户的余额，要与总账有关账户的余额核对相符。对重要实物要进行实地盘点，对余额较大的往来账户要与往来单位、个人核对
要求五	移交人员经管的印章、票据及其他会计用品等必须交接清楚
要求六	会计电算化岗位的交接双方应在电子计算机上对有关数据进行实际操作，检查电子核算是否能正常运行，有关数据是否准确无误

图1-2　交接的基本要求

为了使会计工作的交接更加规范，并且有据可查，企业必须制定规范的表单来加以管理，会计人员在交接时需用到表1-2、表1-3和表1-4。

表1-2　现金账交接表

单位（章）：

项目	金额	备注
一、现金账面余额		
加：未入账收入单据		共（　　）张
减：未入账支出单据		共（　　）张
二、应余现金金额		
三、实际清点现金		
四、未使用现金支票号	***	
五、未使用收据号码	***	
六、印章（枚）		
七、有价证券		共（　　）张
八、其他		

交出人签字：_____　　　接管人签字：_____　　　监交人签字：_____
　___年___月___日　　　　　___年___月___日　　　　　___年___月___日

表1-3　会计人员移交清册

单位（章）：　　　　　　　　　　　　　___年___月___日

交接年度	会计凭证	会计账簿	会计报表	其他会计资料
一、本年（　至　月）				
二、以前年度				
1.				
2.				
3.				
4.				
5.				
……				
三、移交经管票据、公章、文件等	收据___本，起止号码：_____ 公章___枚			
四、说明		交出人： 接管人： 监交人：		

表1-4　（　　）账会计交接表

单位（章）：　　　　　　　　　　　　　___年___月___日　　　　　　　　金额单位：元

科目名称	金额	科目名称	金额	科目名称	金额

交出人签字：_____　　　接管人签字：_____　　　监交人签字：_____
　___年___月___日　　　　　　　　___年___月___日　　　　　　　___年___月___日

3.交接后的责任

移交人员对自己经办且已移交的会计资料的合法性、真实性、完整性负责，接替人员在交接时因疏忽没有发现所接会计资料在合法性、真实性、完整性等方面存在问题，但事后发现要求原移交人员负责的，原移交人员不应以会计资料已移交为由而推卸责任。

四、财务人员绩效考核

财务部门的绩效考核是指根据员工的岗位说明或者特定的考核指标体系，对员工工作业绩进行的考察与评估。

1.绩效考核的益处

（1）对财务部门的益处

对财务部门而言，绩效考核可以监测财务部门的运行状况，为管理层进行财务管理提供重要依据。从形式上来看，绩效考核是对员工工作业绩的考核，但实质上，它也是企业改善经营管理不可缺少的机制。通过绩效考核，可以了解财务部门从管理人员到基层员工的工作目标完成情况。透过绩效目标的完成情况，可以了解财务管理环境、工作场地、财务管理理念、管理制度、管理风格、领导方式和工作方法等方面的实际情况。这样，财务部门的领导和各级主管就能及时把握企业运行中存在的问题和面临的挑战，从而有针对性地调整经营决策，确保企业经营目标的实现。

（2）对财务经理的益处

对财务经理而言，绩效考核是提高管理人员管理效率的重要手段。各级主管的绩效目标也就是其所领导的部门或团队的工作目标，这些目标的实现完全依赖于下属员工的努力。通过对员工工作过程和工作完成情况进行考核与评价，可以防止偷懒行为、"搭便车"行为和隐瞒行为。它能以一种无形的鞭策和压力促使员工主动完成工作任务；也能发现工作中存在的问题，减少或避免工作中的失误。所以，绩效考核能够提高员工工作的积极性与主动性，减少或避免工作的问题，从而提高管理效率。

（3）对部门员工的益处

对部门员工而言，绩效考核是员工发现自身优缺点、改进工作行为和方法、发挥潜力的重要途径。从目标管理理论和激励理论的角度来看，员工期望自己付出的劳动能获得客观正确的评价。通过绩效考核，员工可以了解自己对部门的贡献，也可以从绩效考核分数和考核评语中了解自己的优点和缺点，从而改善工作行为和工作方法。

2.绩效考核的职责

财务部门的绩效考核是由人力资源部门和财务部门共同完成的，财务经理、被评估者及人力资源部门在考核过程中的职责如表1-5所示。

表1-5　考核职责一览表

人员	职责
财务经理	（1）具体组织实施本部门的员工绩效考核工作，客观公正地对下属进行评估 （2）与下属进行沟通，帮助下属认识工作中存在的问题，并与下属共同制订绩效改进计划和培训发展计划 （3）对考核结果进行审核、审批
被评估者	（1）学习和了解企业的绩效考核制度 （2）积极配合部门主管制定本人的绩效改进计划和标准 （3）就绩效考核中出现的问题，积极主动地与财务经理或人力资源部门进行沟通
人力资源部门	（1）负责绩效考核的前期宣传、培训、组织工作 （2）对考核过程进行监督、指导 （3）对考核结果进行汇总、整理 （4）根据绩效评估结果作出相关的人事决策

3.财务人员绩效考核的目标

财务人员绩效考核的目标，首先是降低财务人员的工作差错率，其次是不断提高财务人员的工作及所提供财务信息的实用性。绩效考核指标的制定要从财务人员的工作职责着手，应根据职责重要性来确定考核指标的权重与评价标准，具体如表1-6所示。

表1-6　财务人员绩效考核表

主要职责	考核指标	权重	评价标准
编制各项财务报表	财务报表按时完成率	×%	（1）按时完成各项财务报表，得××分 （2）未按时完成各项财务报表，但不影响报表提交部门的正常工作进度，得××分 （3）未按时完成各项财务报表，并引起报表提交部门的不满，扣××分
	财务报表的编制质量	×%	（1）各项财务报表真实可靠、全面完整，编制报表的会计方法前后一致，得××分 （2）各项财务报表真实可靠、内容基本完整，但编制报表的会计方法前后一致，得××分 （3）各项财务报表全面完整，但编制方法不一致，报表数据出现差错，扣××分
税金管理	税金缴纳及时性	×%	及时、足额、准确缴纳各项税金。不得出现税金缴纳滞纳金，每出现一次扣××分，扣完为止
会计核算与账务处理	各类账目登账、对账、结账及时性	×%	按照企业规定及时组织账目登记、账务处理工作，未在规定时间内完成的扣××分

15

续表

主要职责	考核指标	权重	评价标准
会计核算与账务处理	各类资产账实相符情况	××%	（1）各类资产账实相符，得××分 （2）每出现一次账实不相符的情况，扣××分 （3）账实不相符累计达××次，此项不得分
现金、账簿管理	管理的准确性、安全性	××%	管理无差错，得××分；每出现一次差错，扣××分
财务分析报告	报告提交的及时性	××%	未在规定时间内完成报告，每出现一次扣××分，扣完为止
	报告的质量	××%	（1）报告真实可靠、论点明确、论据充分，能为高层领导的正确决策提供有力依据，得××分 （2）报告真实可靠，对高层领导作出正确决策具有一定的参考价值，得××分 （3）财务报告的真实可靠性受到质疑，没有太大的使用价值或误导高层领导的决策，扣××分
财务资料归档	资料的安全性、完整性	××%	财务资料内容完整，归档规范，并及时更新。未及时归档造成资料丢失的，每出现一次扣××分

4. 财务人员绩效沟通与面谈反馈

财务经理应加强平时的沟通及考核结果的面谈反馈。

（1）平时的沟通

要想最终达到良好的考评沟通，财务经理在平时就应不断加强沟通，并保留沟通记录，以免出现分歧时无据可查。例如，财务人员在每周例会上汇报本周工作完成情况及下周工作计划，可使部门领导及各位财务人员较清楚地了解其他财务人员的工作情况，并为以后的考核提供依据。

（2）考核结果的面谈反馈

能否及时、妥善地进行考核结果面谈反馈，不仅关系财务人员个人工作的改进，而且会直接影响整个考评工作的成效。

绩效结果面谈反馈首先要明确的是反馈方式，主要是由考评者（通常是被考评者的直接上级）通过与被考评者面谈，将绩效考核的结果反馈给被考评者，指出其存在的工作缺陷及改进的方向，并征求其看法和建议。通过考评反馈，可以核对考评结论的正确性，及时纠正考核差错，增强上下级之间的信任度；还可以使财务人员了解自己的工作情况，明确努力的目标和方向，从而激发财务人员的上进心和工作积极性，提高企业的整体绩效。

第二节 财务信息系统建设

为有效规避各种市场风险、财务风险，企业的管理层、决策层对各项财务数据、信息的安全性、时效性有着一定要求。科学有效的财务信息可准确反映企业经营中的资金情况、利润情况，为企业决策提供重要的参考依据。财务信息化管理，可为企业发展战略提供可靠依据，促进企业快速发展。

一、财务管理信息化的效益

1.优化财务管理，提高财务报表质量

财务管理信息化可以在很大程度上减轻人工做账与核对的负担，而且还能保证录入数据的准确性与快捷性，与此同时，财务信息系统还能够发挥核算的功能，生成相应的会计报表。这样的报表不但具有极高的准确率，而且还使会计数据更加安全。在经济高速发展的今天，财务信息化可以极大地提高财务管理的效率和质量。

2.提升企业管理，提高企业效益

通过充分利用财务管理信息体系，财务人员能够在第一时间对企业人力、财力以及物力进行把控，可以更好地管理企业，使企业取得更高的效益。与此同时，在信息体系的作用下，企业能够更快捷、更准确地把握各部门的财务收支状况，及时针对出现的各种情况研究对策，制定解决措施。

3.规范企业财务管理，服务企业审计工作

财务管理信息系统不断升级，使企业的财务管理愈加完善与规范，可以很好地约束财务管理中的违规操作，让审计工作可以顺利开展，但也对审计工作提出了更高的要求。

4.提升企业综合竞争力

企业的财务人员可以依靠财务管理信息平台迅速快捷地掌握每个地区的财务与经营状况，甚至能了解当地市场的相关行情，这样更有利于企业领导抓住市场与商机，从而作出正确合理的决策，最终使企业拥有更强的市场竞争力。

二、财务信息系统建设目标

财务信息系统建设完成后，应能实现以下主要目标。

（1）可以全面、准确、快速地获得集团人、财、物和供、产、销各个环节的信息。通过对这些信息再加工（如财务分析、数据挖掘），能为集团管理层和决策层制定财务预算、营销计划，调整商品（或产品）结构，优化企业管理和创造竞争优势提供依据。

（2）规范集团财务及各业务处理流程。

（3）强化部门或员工管理，提高工作绩效。

（4）减少资金占用，加快资金周转。

（5）财务信息化系统将企业的相关信息分享给具有使用资格或相应级别的员工，能减少大量的重复劳动，节省信息传递时间，迅速提高工作质量和效率。

（6）由于计算机软件能够快速处理各种信息，并进行实时分析，因此，企业可以及时掌握市场活动情况，并进行相应处理，从而为企业赢得更大更广的市场。

三、财务信息系统应具备的功能

企业所构建的财务信息系统应具备以下功能。

（1）信息系统要与各项业务的处理需求相符，应具备稳定性和实用性，可在沿袭手工操作的基础上实现财务信息管理数字化。

（2）构建一个完善的数据库，实现财务业务处理原始数据、管理数据、统计数据等资源的共享，使财务业务和财务数据能够双向访问。

（3）在财务业务的处理过程中，要强化专项核算和台账功能，减少业务数据收集次数，提高业务数据使用率，为分项管理的顺利进行提供方便。

（4）财务业务数据的收集形式要多样化，在人工录入的基础上还要在外部系统中自动进行数据转入，以降低人工录入的工作量，为数据可用性提供保障。

（5）在财务业务处理过程中，要在恰当的时机实施控制性操作，保证控制点与控制方式的多样化。

（6）为财务业务处理设置多样化的查询渠道，从各个角度分析原始数据与核算数据，全面强化管理功能。

（7）企业财务管理信息系统需要建立在预算管理的基础上，在成本控制的引导下，全面控制企业的生产经营过程。

（8）重点强调对业务流程的控制，可以在企业财务管理各个业务流程中设置业务批准权限，根据权限大小对经济业务进行分级控制。

（9）重点强调预算管理，利用企业目标预算管理这一手段，可以有效实现预算目标制定与预算执行等工作。

（10）确保系统的安全性与可靠性，构建防火墙系统，防止外部病毒入侵。

为了保证企业财务业务处理的安全，可以使用数据备份这一功能。

四、财务信息化方案设计总体思路

财务经理应结合企业实际，把财务信息化作为整个企业信息化建设的切入点，放眼未来，确定财务管理信息化方案的总体思路。

财务信息化方案主要涉及三个方面的基本内容。

（1）业务处理信息化流程，如采购、生产、销售、售后服务、费用、资产/实物管理、投资、资金管理等。

（2）财务核算处理与财务管理职能的信息化，如会计记账、总账报表、资金结算、核算质量与风险管理等。

（3）决策支持信息报表，如管理口径报表、日常关键性数据快报、其他决策支持信息等。

图1-3为某企业财务信息化方案设计的总体思路。

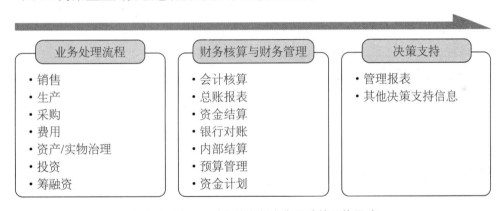

图1-3 某企业财务信息化方案设计的总体思路

五、财务信息系统模块规划

财务信息化建设首先要开发两个系统界面，然后在系统内再划分不同的模块对业务进行分类处理。

1.业务协作处理系统

业务协作处理系统主要包括企业基本经营业务的处理流程及经营信息支持。业务协作处理系统的模块划分如图1-4所示。

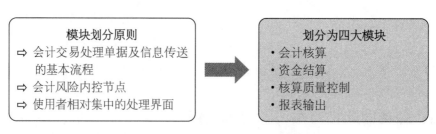

图1-4 业务协作处理系统的模块划分

2.财务协作处理系统

财务协作处理系统的功能为财务业务处理及财务信息使用与管理，主要包括提高财务核算、结算及管理的效率、精度、规范化程度，以及减少核算交易处理风险等处理流程。财务协作处理系统的模块划分如图1-5所示。

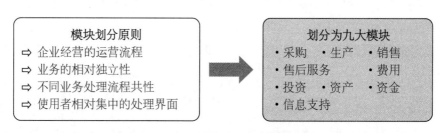

图1-5 财务协作处理系统的模块划分

3.两系统的模块划分及接口

上述两个系统的模块划分及接口如图1-6所示。两系统及各模块不是完全独立的，数据信息及模块功能之间可能存在相互关联，应综合考虑来设计财务信息系统。

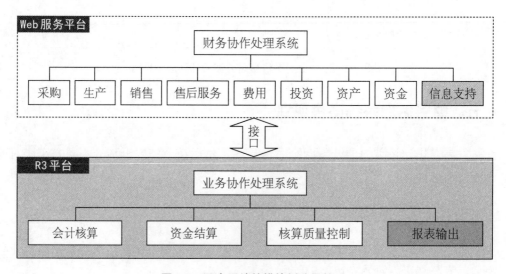

图1-6 两个系统的模块划分及接口

第三节 财务预算控制

财务预算是从专门的角度反映企业未来一定时期的经营状况，如财务状况、经营成果、现金收支等。财务预算控制，能够对企业各项计划进行监督。预算管理是预算编制、审批、执行、控制、调整、分析、考核及评价等管理方式的总称。

一、企业财务预算的编制程序

企业编制预算，一般按照"上下结合、横向协调、逐级汇总"的原则，具体程序如图1-7所示。

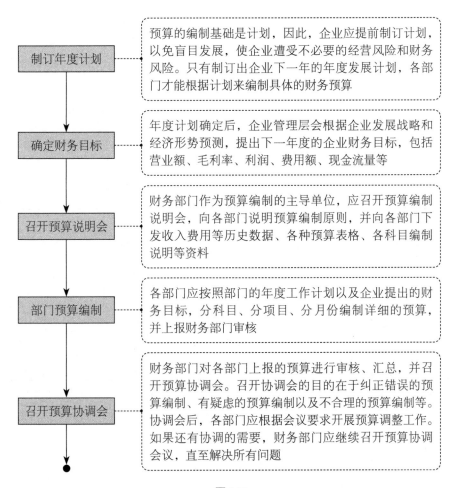

制订年度计划	预算的编制基础是计划，因此，企业应提前制订计划，以免盲目发展，使企业遭受不必要的经营风险和财务风险。只有制订出企业下一年的年度发展计划，各部门才能根据计划来编制具体的财务预算
确定财务目标	年度计划确定后，企业管理层会根据企业发展战略和经济形势预测，提出下一年度的企业财务目标，包括营业额、毛利率、利润、费用额、现金流量等
召开预算说明会	财务部门作为预算编制的主导单位，应召开预算编制说明会，向各部门说明预算编制原则，并向各部门下发收入费用等历史数据、各种预算表格、各科目编制说明等资料
部门预算编制	各部门应按照部门的年度工作计划以及企业提出的财务目标，分科目、分项目、分月份编制详细的预算，并上报财务部门审核
召开预算协调会	财务部门对各部门上报的预算进行审核、汇总，并召开预算协调会。召开协调会的目的在于纠正错误的预算编制、有疑虑的预算编制以及不合理的预算编制等。协调会后，各部门应根据会议要求开展预算调整工作。如果还有协调的需要，财务部门应继续召开预算协调会议，直至解决所有问题

图1-7

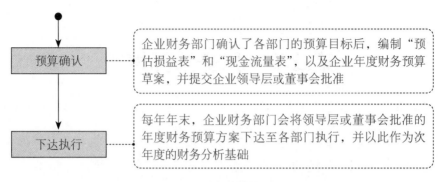

图1-7 企业财务预算的编制程序

二、企业财务预算的编制方法

1.固定预算

固定预算是按照固定业务量，定期并参照往年的预算而编制的预算，也是根据预算内正常的、可实现的某一业务量水平编制的预算，一般适用于固定费用或者数额比较稳定的预算项目。

案例

固定预算示例

项目	固定预算（元）	实际发生（元）	差异（元）
销售收入	150000.00	175000.00	25000.00
单价	100.00	100.00	—
变动成本	120000.00	140000.00	20000.00
单位变动成本	80.00	80.00	—
边际贡献	30000.00	35000.00	5000.00
单位边际贡献	20.00	20.00	—
固定成本	20000.00	25000.00	5000.00
利润	10000.00	10000.00	—

2.弹性预算

弹性预算是和固定预算相反的一种预算编制方法，它可以设定乐观的业务量、悲观的业务量以及介于二者之间的业务量。

它按预算内某一范围内可预见的多种业务活动水平确定不同的预算额，或按实际业务活动水平调整预算额；待实际业务发生后，将实际指标与预算额进行对比。它将对预算执行情况的评价与考核建立在更加客观且可比的基础上，更好地发挥了预算控制的作用。

 **案例**

　　某公司在计划期内预计销售产品1500件，单价为100元，产品单位变动成本为80元，固定成本总额为20000元。

弹性预算示例

项目、业务量（件）	1000	1250	1500	1750
销售收入（元）	100000	125000	150000	175000
单价（元）	100	100	100	100
变动成本（元）	80000	100000	120000	140000
单位变动成本（元）	80	80	80	80
边际贡献（元）	20000	25000	30000	35000
单位边际贡献（元）	20	20	20	20
固定成本（元）	20000	20000	20000	20000
利润（元）	0	5000	10000	15000

3.滚动预算

滚动预算又称永续预算（Continuous Budget），是一种可变预算编制方法，是为了使预算周期始终保持在一个固定期间而连续编制预算的方法。

（1）基本特点

预算执行一个经营周期后，企业即根据本周期的经营成果及执行中的变动信息，对下一个经营周期的预算加以修订，并自动延续到预算结束后的下一个经营周期，从而使总预算保持一个固定的预算期。

（2）优点

滚动预算能使企业对未来一年的经营活动进行持续不断的计划，并在预算期内保持一个稳定的视野；也有利于企业经营管理工作稳定有序地进行。

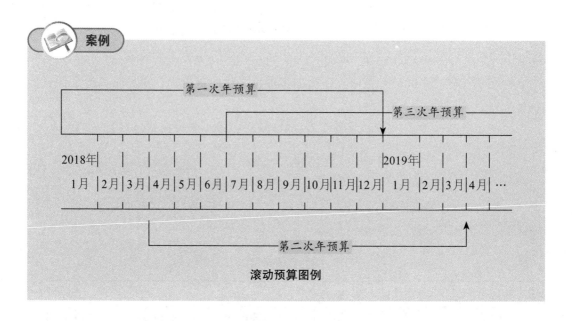

滚动预算图例

4.零基预算

零基预算与传统预算相比，不同之处在于：它不以现有费用水平为基础，而是一切以"零"为起点，对每项费用的大小及必要性进行认真分析、权衡，并评定分级，据以判定费用开支的合理性和优先顺序。

5.增量预算

增量预算是指以历史发生数为基础，根据预算年度业务量的变化而编制的预算。

$$某项预算指标=基期实际指标 \times (1+x\%)$$

或者

$$某项预算指标=基期实际指标 \times (1-x\%)$$

某公司销售部门2022年实际支出印刷费50000元，考虑2023年业务量增加20%和成本节约10%的因素，则2023年的印刷费预算为：

50000×（1+20%）×（1-10%）=54000元

6.五种预算编制方法比较

五种预算编制方法比较如表1-7所示。

表1-7 五种预算编制方法比较

方法	适用范围	应用说明
固定预算	适用于固定成本费用预算的编制	注意固定成本费用的划分
弹性预算	适用于变动成本费用预算的编制	注意变动成本费用的划分
滚动预算	适用于以前年度可能存在不合理或潜在力比较大的预算指标	通常按季度滚动，每季度第三个月中旬开始着手预算编制工作
零基预算	适用于定期预算以外的预算指标	编制周期不宜过短，否则会增加工作量
增量预算	适用于影响因素简单和以前年度基本合理的预算指标	合理使用增量法，可以减少预算编制的工作量

三、预算执行情况报告制度

各预算执行部门要定期报告财务预算执行情况，并随时向预算管理工作组和预算管理委员会反映预算执行中产生的问题，以便查找原因，及时改进。

1.建立责任会计体系

为了便于对预算执行结果进行统计与考核，企业财务部门在正常的会计核算之外，还必须建立责任会计体系。

责任成本采取双轨制核算，责任会计的原始凭证与会计核算的凭证相同，责任会计核算时仅记录凭证号。

2.建立预算报告体系

各预算执行部门可按月度、季度和年度，分别反馈成本预算、费用预算、利润预算的执行情况。各报表具体如表1-8、表1-9和表1-10所示。

表1-8 成本预算执行反馈月（季、年）报表

部门：　　　　　　　　　　　___年___月___日　　　　　　　金额单位：万元

项目		本期预算	本期发生额	预算差异额	本季度累计额	本年累计额
可控成本						
变动成本	直接材料					
	直接人工					
	变动制造费用					
	其他制造费用					

续表

	项目	本期预算	本期 发生额	预算 差异额	本季度 累计额	本年 累计额
固定 成本	固定制造费用					
	其他固定成本					
不可控成本						
成本合计						

表1-9 费用预算执行反馈月（季、年）报表

部门：　　　　　　　　　　　　　　___年___月___日　　　　　　　金额单位：万元

费用项目	本期预算	本期实际	差异额	预算完成率	备注
工资					
福利费					
办公费					
水电费					
差旅费					
业务招待费					
修理费					
……					
合计					

表1-10 利润预算执行反馈月（季、年）报表

部门：　　　　　　　　　　　　　　___年___月___日　　　　　　　金额单位：万元

项目	本期预算	本期实际	差异额	预算完成率	备注
销售净额					
变动成本：					
变动生产成本					
变动销售费用					
变动成本合计					
贡献毛益					
固定成本：					
酌量性固定成本					
约束性固定成本					
固定成本合计					
营业利润					
资产平均占用额					
资产周转率					
销售利润率					
投资报酬率					

企业财务部门每月/季度/年度向预算管理工作组报送各部门的预算执行情况，预算管理工作组汇总上述资料和报表后，编制企业全面预算执行情况报表，并上报总经理办公会审批。

企业每月召开预算工作组会议，讨论预算执行中发生的问题，并查找原因，提出改进的措施和建议。

四、预算事前监控

事前监控是指在业务活动发生之前，业务执行人根据企业的管理制度和年度经营预算提交业务申请，并由上级领导和及所在部门审批和审核的过程。财务预算事前监控的项目与监控部门具体如表1-11所示。

表1-11 财务预算事前监控的项目与监控部门

监控部门	监控项目
营销部	产品价格、回款政策
人力资源部	人力需求、人力成本
质量管理部	制成品检验合格率、来料检验合格率、安装检验合格率、新产品开发质量
财务部	资金支出、投融资业务、采购价格
生产部	工艺标准与工艺定额

五、预算事中监控

财务预算事中监控是指在业务执行过程中，监控部门以企业的管理制度与年度经营预算为标准，对业务执行情况进行对比分析的过程。财务预算事中监控的项目与监控部门具体如表1-12所示。

表1-12 财务预算事中监控的项目与监控部门

监控部门	监控项目
营销部	销量、产品价格、产品销售结构、部门费用、销售增长率、新产品市场份额、应收账款占销售收入比率、产成品资金占用
生产部	材料消耗定额、部门费用、人均产出、制成品检验合格率、材料库存资金占用、产品平均交货期、呆滞材料降低率
采购部	采购资金占用额、采购价格、外协加工费、应付账款占存货金额比例、来料检验合格率
研发部	新产品数量、新技术数量、部门费用
人力资源部	人力需求与人力成本

续表

监控部门	监控项目
财务部	净资产收益率、销售净利率、总资产周转率、权益乘数、营运资金占流动资产比率、资产负债率、收现率、应收账款占销售收入比例、应付账款占存货金额比例、销售费用占收入比率、管理费用定额
其他部门	部门费用、非生产材料资金占用

六、预算外事项的处理

预算外事项是在期初预算方案中没有涉及而现在即将发生的业务活动。所有预算外事项都需要经过预算管理委员会审批。预算外事项的处理程序如图1-8所示。

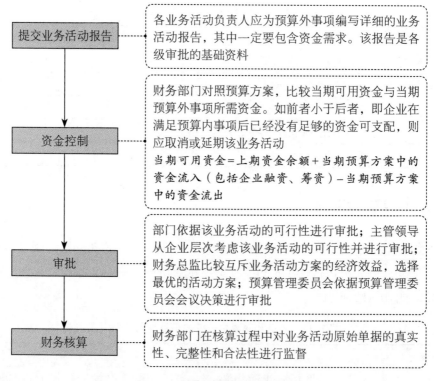

图1-8　预算外事项的处理程序

七、超预算事项的确定

超预算事项是指在期初预算方案中已经考虑但实际发生数超出期初预算额度的事项。为了保证业务正常开展，对于那些因企业生产经营规模扩大而出现的超预算事项，可追加预算指标。根据需追加预算的项目性质和金额，可将超预算事项划分为以下三类。

（1）部门领导审批通过就可追加预算的事项。

（2）主管领导审批通过且需财务负责人审核后才可追加预算的事项。

（3）需要预算管理委员会审批通过才可追加预算的事项。

上述三类超预算事项的具体内容要根据企业实际确定。

八、预算分析

1.预算分析方法

（1）比较分析法

将某特定项目与比较标准进行横向对比，确定不同期间的差异额或差异率，可以分析项目的变动情况和变动趋势。比较标准可以是预算数据、历史数据、预测数据或其他企业的数据。在进行比较分析时，除了研究单个项目的趋势，还可以分析特定项目之间的关系，以揭示隐藏的问题。例如，如果销售增长10%，销售成本却增长了14%，则说明成本比收入增长得更快，这与我们通常的假设是相悖的。我们通常假设在产品和原材料价格不变的情况下，销售收入和销售成本会同比例增长。出现这种差异，一般有三种可能：一是产品价格下降，二是原材料价格上升，三是生产效率降低。要想确定具体的原因，就应借助其他方法和资料做进一步的分析。

（2）趋势分析法

趋势分析法又称水平分析法，是通过对比两期或连续数期财务报告相同指标的变动方向、数额和幅度，来说明企业财务状况或经营成果的变动趋势。

（3）因素分析法

因素分析法是依据分析指标与影响因素的关系，从数量上确定各因素对分析指标的影响方向和影响程度。因素分析法有两种，具体如图1-9所示。

连环替代法	差额分析法
将分析指标分解为可以计量的因素，并根据各个因素之间的依存关系，顺次用各因素的比较值（通常为实际值）替代基准值（通常为标准值或计划值），从而测定各因素对分析指标的影响	这是连环替代法的一种简化形式，即利用各个因素比较值与基准值之间的差额来计算各因素对分析指标的影响

图1-9　因素分析法的分类

2.预算分析程序

预算分析的程序如图1-10所示。

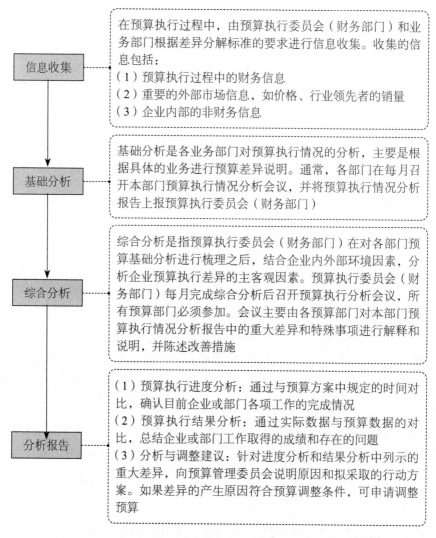

图1-10 预算分析的程序

九、预算调整

1.预算调整的原因

当企业内外部环境发生哪些变化，并且该变化对企业带来多大影响时才需要进行预算调整？这是各个企业在制定预算调整管理制度时必须考虑的问题。因此，企业必须对预算调整驱动因素进行清晰的区分和定义，并将这些驱动因素对企业的影响进行界定，明确预算调整的条件，以规范企业的预算调整行为。对于不同行业、不同规模的企业，预算调整的条件是不同的。企业需要参考行业经验、自身历史情况，并结合内部不同管理岗位的审批权限，予以确定。

（1）预算调整的驱动因素

具体而言，预算调整的驱动因素大致有图1-11所示的几种。

国家政策和规定发生重大变化

企业组织变革

企业外部环境和市场需求发生重大变化

企业经营范围和业务种类发生重大变化

企业内部运营资源发生变化

资源临时增补或调整

图1-11 预算调整的驱动因素

（2）例外事项

对预算执行中出现的各种突发事件、不正常事项，应按照例外管理原则进行调整。此时的预算调整是预算外调整，调整程序与预算编制程序相同。

2.预算调整的程序

一般情况下，预算调整需要经过申请、审议和批准三个主要程序，具体如图1-12所示。

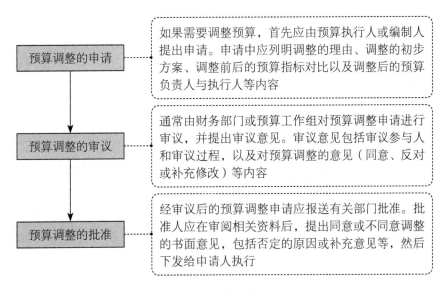

| 预算调整的申请 | 如果需要调整预算，首先应由预算执行人或编制人提出申请。申请中应列明调整的理由、调整的初步方案、调整前后的预算指标对比以及调整后的预算负责人与执行人等内容 |

| 预算调整的审议 | 通常由财务部门或预算工作组对预算调整申请进行审议，并提出审议意见。审议意见包括审议参与人和审议过程，以及对预算调整的意见（同意、反对或补充修改）等内容 |

| 预算调整的批准 | 经审议后的预算调整申请应报送有关部门批准。批准人应在审阅相关资料后，提出同意或不同意调整的书面意见，包括否定的原因或补充意见等，然后下发给申请人执行 |

图1-12 预算调整的程序

由于预算调整牵涉范围较广，对企业各部门都有可能产生影响，通常建议将预算调整特别是重大预算调整的审批权限交给预算管理委员会。如果企业没有专设预算管理委员会，则应由企业最高权力机构审批。

3.预算调整的方法

预算调整的方法为滚动预算。在编制预算时，先将年度分解为季度，并将第一季度按月划分，确定各月的详细预算，以便于监督预算的执行。然后在第一季度末对第二季度的预算进行调整，将第二季度的预算数按月细分，依此类推，具体过程如图1-13所示。

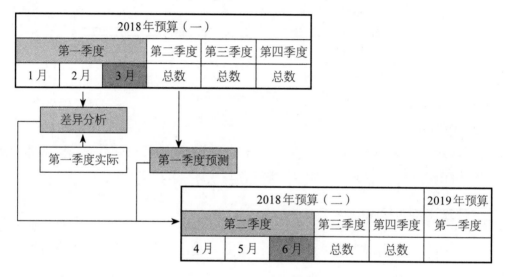

图1-13　预算调整的过程

十、预算考核

1.预算考核的原则

预算考核的原则如图1-14所示。

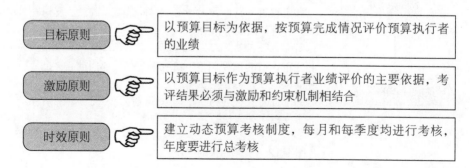

目标原则	以预算目标为依据，按预算完成情况评价预算执行者的业绩
激励原则	以预算目标作为预算执行者业绩评价的主要依据，考评结果必须与激励和约束机制相结合
时效原则	建立动态预算考核制度，每月和每季度均进行考核，年度要进行总考核

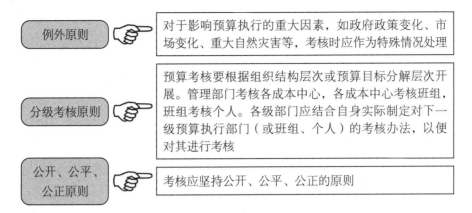

图1-14　预算考核的原则

2.预算考核的程序

预算考核一般一年两次。半年度考核一般以报表考核为主。应对没有按时间完成计划任务的部门进行重点分析，确因政策变化或非人为控制因素而无法按进度完成任务的，则要调整部门计划。年终考核的规模大、时间长，管理者应十分重视。年度预算考核一般分以下几个步骤进行。

（1）成立考核机构

企业通常由审计、财务、人力资源等部门联合组成考核组，审计部门作为牵头人。三个部门的考核分工为：审计部门考核财务指标完成情况，财务部门考核财务基础管理工作，人力资源部门考核工资和奖金等消费性基金支出情况。

（2）下发考核通知

考核组成立后，以企业名义下发考核通知。通知中应包括考核时间、考核要求、需提供的资料和考核人员分工等内容。

（3）开展考核

考核人员应将考核重点放在图1-15所示的几个方面。

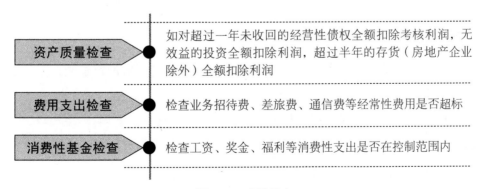

图1-15　考核重点

（4）考核的注意事项

当存在图1-16所示的情况时，必须对具体情况进行分析后再进行考核。

情况一	因执行企业年度经营计划而使被考核部门收入减少或支出增加
情况二	总部政策发生变化，与预算口径不可比
情况三	政府政策发生重大变化，导致被考核部门收入减少或支出增加
情况四	市场发生重大变化，被考核部门无法控制，如上游产品的材料价格上涨，导致中下游产品成本上升、利润下降，且超出预算范围
情况五	发生不可抗力，如洪水、地震，导致企业停产或半停产等

图1-16　具体分析后再进行考核的情况

被考核部门发生上述情况时，应及时提交书面报告，得到相关部门的确认。如果证据充分，经考核人员确认后，可以改变考核分值。现场考核结束后，考核结果应由各部门负责人签字确认。

第四节　成本控制

成本控制是指运用各种方法预估成本限额并按照限额开支，然后对实际与限额进行比较，衡量经营活动的效果。

一、成本费用管理基础工作

1.确定生产消耗定额和费用定额

（1）由生产、技术、财务、行政等相关部门联合确定材料消耗定额、工时定额、设备及能耗定额。

（2）财务部门会同行政部门及相关部门确定各职能部门的费用开支定额和资金占用定额。

（3）行政部门会同财务、生产等相关部门确定人员定额。

（4）财务部门会同生产、技术等相关部门确定物资库存限额。

2.成本费用开支范围与标准

（1）划分原则

① 划清经营支出与非经营支出的界限。

② 划清经营支出中制造成本和期间费用（即应计入产品的成本与不应计入产品的成本）的界限。

③ 划清本期成本费用与非本期成本费用的界限。

④ 划清各产品应负担的成本界限。

⑤ 划清在产品与完工产品应负担的成本界限。

（2）开支范围

开支范围的具体说明，如图1-17所示。

范围一 ▷ **可以计入成本的费用开支**

（1）为生产产品而消耗的各种原材料、辅助材料、备品配件、外购半成品、燃料、动力、包装物、低值易耗品和运输、装卸、整理等费用
（2）生产工人和生产部门管理人员的工资及按规定比例提取的职工福利费
（3）生产用固定资产按照规定比例提取的固定资产折旧和固定资产租赁费及修理费
（4）生产部门为组织生产所发生的费用支出
（5）按规定应当计入成本的其他费用

范围二 ▷ **不得计入成本的费用开支**

（1）属于期间费用（管理费用、销售费用、财务费用）的支出
（2）不属于期间费用也不得列入成本的其他支出

范围三 ▷ **不得列入期间费用和成本的支出**

（1）购置和建造固定资产、购入无形资产和其他资产的支出
（2）对外投资支出
（3）被没收的财物
（4）各项罚款、赞助、捐赠支出
（5）在公积金和职工福利费中列支的支出
（6）各种赔偿金、违约金、滞纳金
（7）国家规定不得列入成本费用的其他支出

图1-17 费用的开支范围

（3）成本费用的开支标准

财务部门应会同相关部门制定差旅费报销管理办法、通信费控制和补助办法、私

车公用补助办法、企业薪酬管理制度等。

3.制定企业产品标准成本

企业财务部门应会同相关部门，根据生产消耗定额、历史成本和内部计划价格制定标准成本（见表1-13），并编制企业产品标准成本手册。

表1-13　产品标准成本表

标准总产量：　　　　　　　　　　　　　　　　　　　　　　　　单位：元

品名	标准损耗率	材料		直接人工		制造费用		标准单位成本
		取得成本	制成成本	分摊率	单位成本	分摊率	单位成本	

核准：　　　　　　　　　复核：　　　　　　　　　制表：

4.建立原始记录

对企业所有物资的领用、耗费、入库、出库建立准确的原始记录，并定期检查、及时传递。

5.加强物资计量管理

对企业物资的购进、领用、转移、入库、销售等各个环节进行准确计量。

6.实行定额领料制度

严禁无定额领料和擅自超定额领料。

7.建立考勤和工时统计制度

生产各工序要按产品的工作令号及时报送工时和完工产量。

二、成本费用的核算

1.成本费用核算依据

（1）《企业会计准则》、企业内部会计制度。

（2）有关消耗定额、开支标准和开支范围的政策文件。

（3）企业内部的经营特点以及经营的内外部环境要求。

2.成本费用的核算要求

（1）成本费用应当分期核算。

（2）成本费用的核算方法应当前后一致。

（3）成本费用核算应当为企业未来决策提供有用信息。

（4）成本的确认和计量应当符合国家会计准则和制度的规定。

（5）一定期间的成本费用与相应的收入应当配比。

（6）成本费用的归集、分配、核算应当遵循重要性原则。

（7）成本费用核算应与客观经济事项相一致，以实际发生的金额计价，不得人为降低或提高成本。

3.核算制度

（1）企业财务部门应按照国家统一的会计制度制定成本核算办法。

（2）企业不得随意更改成本费用的确认标准和计量方法，也不得虚列、多列、不列或少列成本费用。

（3）具体核算应按企业会计核算手册执行。

4.核算报告

（1）企业财务部门要实时监控成本费用预算的执行情况和标准成本控制情况，并按期（每月）编制成本费用内部报表，及时向企业领导层和各责任主体通报成本费用支出情况。目标成本责任主体报告如表1-14所示。

表1-14 目标成本责任主体报告

_____年_____月 单位：元

项目	责任指标	实际指标	指标差异				责任单位
			差异额	差异率	主观	客观	
1.可控制成本 　直接材料 　直接人工 　变动制造费用 　间接材料 　间接人工 　固定制造费和折旧费							

项目	责任指标	实际指标	指标差异				责任单位
			差异额	差异率	主观	客观	
大修理费 办公费 管理人员工资 ……							
合计							
2.不可控成本 ……							
合计							
总计							

（2）企业财务部门要定期对成本费用报告进行分析，对实际发生的预算差异或标准成本差异要及时查明原因，并采取相应措施。部门成本控制报告如表1-15所示。

表1-15 部门成本控制报告

实际业务量：＿＿小时　　　　　　　　　＿＿年＿＿月　　　　　　　　　单位：元

项目	实际成本	预算成本	差异
变动成本 运输费 电力 消耗材料			
合计			
混合成本 修理费 油料			
合计			
固定成本 折旧费 管理人员费用			
合计			
总计			

三、成本费用会计凭证管理

（1）财务部门对不真实、不合法的成本费用原始凭证不予受理；对记载不准确、不完整的成本费用原始凭证予以退回，并要求相关部门或人员及时进行修正或补充。

（2）财务部门办理成本费用核算事项时必须填写或取得原始凭证，并根据审核后的原始凭证编制记账凭证。会计、出纳人员记账时，必须在记账凭证的相应位置签字。

（3）如财务部门发现成本费用的记录与实物、款项不符，应及时向管理层报告，并要求查明原因，作出处理。

（4）根据企业会计档案管理规定，对需要归档保存的会计凭证，财务部门应及时交档案管理人员存档保存。

（5）财务部门应根据成本费用账簿编制成本费用会计报表，并上报管理层及有关部门。会计报表每月由会计人员编制并上报。会计报表应由会计人员签字或盖章。

四、成本控制报告与纠偏

1.成本控制报告

成本控制报告又称业绩报告，是责任会计的重要内容之一。目的是形成正式的报告，使员工知晓自己的工作如何被衡量、报告和考核。同时，成本控制报告可以显示员工过去的工作情况，指明改进工作的，为各部门纠正偏差和实施考核提供依据。

成本控制报告的内容有以下几个方面。

（1）成本控制的目标以及控制依据。

（2）成本控制的具体方法。

（3）成本控制取得的成效。

（4）相关合理化建议或意见。

（5）其他事项。

2.差异调查

控制报告只是指出了存在的问题，各部门只有通过调查找到原因，分清责任，采取纠正行动，才能收到降低成本的实效。发生偏差的原因主要有以下三个。

（1）执行人的原因，包括出错、没经验、技术水平低、责任心不强、不协作等。

（2）目标不合理或情况发生变化。

（3）成本核算有问题，包括数据的记录、加工和汇总有错误，人员故意造假等。

3.纠正偏差

纠正偏差是成本控制的目的。如果成本控制不能揭示成本差异及产生的原因，也不能揭示成本差异的责任人，那么这种控制仅仅是一种数字游戏，白白浪费了大家的时间。

纠正偏差是各责任中心主管人员的主要职责，企业可以采取以下四个措施。

（1）修改目标计划。

（2）重新委派人员并明确职责。

（3）选拔和培训新主管人员或者撤换原主管人员。

（4）改进工作方法，为下属工作提供具体的指导。

第五节　财务稽核管理

为防止会计核算工作出现差错和舞弊行为，企业应对日常会计核算工作中出现的错误及时加以纠正，从而规范会计行为，提高会计核算工作的质量，确保企业财产安全。

一、设置稽核机构及岗位

财务稽核工作由财务部门统一组织领导，对企业各部门的工作进行指导和监督。企业财务部门应设稽核人员一名（或若干名），财务经理的直接领导下开展稽核工作。

1.稽核人员应具备的条件

稽核人员是稽核工作的实际执行人，具体的任职条件如下。

（1）稽核人员必须具备较全面的会计业务知识和较强的财务信息系统应用能力，熟悉企业的业务，掌握会计核算方法及内容，了解财务处理流程和内部控制制度，并从事会计工作三年以上。

（2）稽核人员应当遵守财经纪律，并具有较强的职业判断能力和较高的职业素养。

（3）稽核人员应当依照规定的职责、权限和程序开展稽核工作。稽核人员处理稽核事项时，应当客观公正、实事求是、廉洁奉公、恪尽职守。

2.稽核人员的职责

企业应明确稽核人员的职责，具体内容如下。

（1）按照规定稽核原始凭证、会计凭证、会计账簿、会计报表、财务信息系统数据和其他相关资料，并对会计凭证资料的真实性、完整性负责。

（2）对账务处理进行检查，确保会计核算方法正确、一致、合规，同时还应督促各项财务管理制度的落实。

（3）对会计核算中出现的各种问题及时整理、反馈。

（4）对稽核资料按规定进行传递并妥善保管，不得人为丢失、污损和涂改。

（5）检查和监督财务信息系统的运行情况，保证财务信息系统数据的安全。

3.稽核人员的权限

企业应明确稽核人员的权限，以防稽核人员滥用职权，具体内容如下。

（1）有权检查与查阅相关的文件记录、会计资料、计划预算、合同文书等。

（2）有权检查、清点各项财产物资。

（3）有权检查各项经济活动和管理活动。

（4）有权制止各项违法违纪行为。

（5）有权要求有关人员纠正差错。

（6）有权查处各类舞弊行为，并提出处理意见等。

二、财务稽核的基本要求

财务稽核工作的基本要求，如图1-18所示。

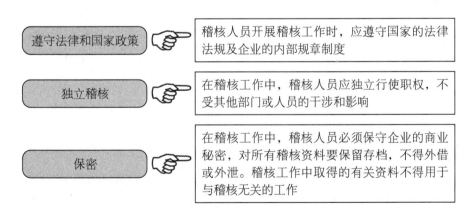

遵守法律和国家政策	稽核人员开展稽核工作时，应遵守国家的法律法规及企业的内部规章制度
独立稽核	在稽核工作中，稽核人员应独立行使职权，不受其他部门或人员的干涉和影响
保密	在稽核工作中，稽核人员必须保守企业的商业秘密，对所有稽核资料要保留存档，不得外借或外泄。稽核工作中取得的有关资料不得用于与稽核无关的工作

图1-18　财务稽核工作的基本要求

三、财务稽核的流程

财务稽核的流程如图1-19所示。

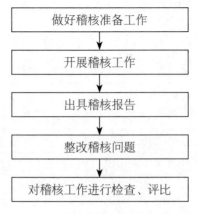

图1-19　财务稽核的流程

1.做好稽核准备工作

（1）制定财务稽核工作方案（样例见表1-16），发送稽核通知书，明确稽核时间、区间、对象、所需资料和相关要求等。

（2）稽核前要收集与稽核项目有关的背景资料。

（3）明确稽核人员及工作分工，具体内容如表1-17所示。

表1-16　财务稽核工作方案

编号：　　　　　　　　　　稽核日期：＿＿＿年＿＿＿月＿＿＿日

稽核对象		稽核方式	
稽核目的：			
稽核内容与范围：			
稽核组	组长：		
	成员：		
计划工作时间（自＿＿＿月＿＿＿日至＿＿＿月＿＿＿日）			
具体实施步骤：			

制表人：　　　　　　　　　　审核人：

表1-17　财务稽核分组与分工表

编号：　　　　　　　　　稽核项目名称：

分组情况	小组成员	稽核内容	实施步骤	时间安排
第一组				
第二组				
第三组				

说明：每组第一人为小组负责人。

2.开展稽核工作

做好稽核准备工作后，就要正式开展稽核工作。稽核人员要按稽核方案和职责分工开展工作，如听取情况汇报，查阅、收集资料，并对存在问题进行沟通和确认。

3.出具稽核报告

稽核人员首先依据稽核初步结果编制稽核工作底稿（见表1-18），与被稽核方交换意见后，由对方签字确认。然后依据稽核工作底稿出具财务专项稽核报告，详细记录稽核的各项工作情况。

表1-18　财务稽核工作底稿

编号：　　　　　　　　　稽核日期：____年____月____日

被稽核单位名称			
稽核项目名称			
稽核事项			
稽核事项摘要			
稽核结论及依据			
附件列表			
稽核人员		稽核日期	
复核人员		复核日期	
被稽核单位意见	签章（公章）：　　　　　　　　日期：		

4.整改稽核问题

对稽核工作中发现的问题，稽核人员要及时下发整改通知书，并督促被稽核部门进行整改。

稽核人员应收集被稽核方的整改结果，如有必要，应复查被稽方的整改情况。

5.对稽核工作进行检查、评比

财务部门要定期开展稽核工作专项检查，查阅稽核记录，并对稽核事项的落实、问题的整改情况进行通报。同时，财务部门应每年组织一次内容全面的稽核工作内部评比，对稽核工作中的优秀员工予以嘉奖，而对稽核未达标或错误较多的员工提出批评。

四、财务稽核事项

财务稽核事项如表1-19所示。

表1-19　财务稽核事项

序号	稽核事项	稽核内容
1	财产物资稽核	（1）定期检查现金及银行存款日记账。稽核人员应定期核查现金及银行存款日记账，采用实地盘点法，检查库存现金实存数与日记账余额是否相符，有无"白条抵库"、现金收付不入账等现象，以及银行存款日记账与银行对账单是否相符 （2）参与财产物资清查盘点。稽核人员应每年至少参与两次财产物资清查盘点，监督财产清查的过程，核对清查盘点表；同时检查各项财产物资的管理是否按规定执行，是否有账账不符、账实不符现象，对发生的盘盈、盘亏、报废、毁损等情况，要查明原因，按规定程序报批后进行账务处理
2	税收管理稽核	（1）税收筹划和核算是否恰当合理 （2）税金申报和缴纳是否及时准确 （3）退税手续是否恰当合理 （4）增值税发票的认证是否及时 （5）发票领购、开具、保管是否符合规定
3	原始凭证稽核	（1）经济业务的内容摘要是否清晰 （2）金额是否有误 （3）会计科目是否对应 （4）原始凭证是否合法合规 （5）经办人、责任人的签名盖章是否完整
4	机内记账凭证稽核	（1）记账凭证的摘要是否正确反映经济事项 （2）会计科目是否正确

续表

序号	稽核事项	稽核内容
4	机内记账凭证稽核	（3）记账凭证复核是否符合工作程序 （4）专项核算是否正确，现金流量、资金类别、资产权属、固定资产增减变动等是否符合专项核算的要求 （5）现金流量是否符合现金流量核算的要求，是否正确反映经营活动的现金流入、现金流出，投资活动的现金流入、现金流出，筹资活动的现金流入、现金流出；与现金流量无关的转账、兑换是否正确 （6）单位往来业务与往来科目明细是否对应，单位往来业务分类是否符合核算的要求 （7）钩稽关系是否一致 （8）经济事项反映的内容是否符合会计核算的要求 （9）成本结转是否符合会计核算规定
5	账账、账表、账实稽核	（1）核对不同账簿的记录是否相符，包括总账有关账户余额的核对、总账与明细账的核对、总账与日记账的核对 （2）核对总账会计科目的月末余额、月初余额、当月发生额与主要会计报表相关项目的填列是否相符 （3）核对明细科目的月初余额、当月发生额、月末余额与相关会计报表的项目填列是否相符 （4）核对主要会计报表间的相关项目、主要会计报表与附表的相关项目填列是否相符 （5）核对账簿年初余额是否与上年结转数额一致 （6）核对会计账簿记录与资产实有数额是否相符，包括现金日记账余额与现金实际库存数；银行存款日记账余额与银行对账单调节表；财产物资明细账与实物保管账和使用部门的明细账；各种往来账款余额与实际的债权债务
6	制度稽核	（1）是否按照会计法规正确使用会计科目 （2）是否按照财务管理制度和财务核算要求处理日常业务
7	会计档案稽核	（1）检查会计凭证、账簿、报表及其他会计资料是否按规定定期整理、装订成册、立卷归档；会计档案是否有专人管理，是否按类别顺序编号，并建立目录；会计凭证、账簿、报表封面内容是否完整，有无档案调阅、移交、销毁记录，档案调阅、移交、销毁手续是否齐全 （2）稽核人员每月都应检查会计电算化工作是否按规定进行备份，是否有严格的软硬件管理规定并认真执行，是否符合安全保密要求。稽核项目标准参照《会计档案管理办法》的相应规定
8	其他稽核	（1）协同预算部门检查和监督预算执行情况 （2）协同价税部门检查和监督价格执行情况 （3）协同资金资产部门检查和监督筹资、投资、费用执行情况

第六节　财务风险控制

任何行为都有可能存在风险，企业的财务活动同样存在着风险。在企业财务活动中，完全消除风险和风险的影响是不现实的。因此，财务经理必须加强对企业财务风险的防范。

一、财务风险的概念及特征

1.财务风险的概念

财务风险是指由于多种因素的作用，使企业不能实现预期财务收益，从而产生损失的可能性。财务风险客观存在于企业财务管理工作的各个环节。企业财务活动一般分为筹资活动、投资活动、资金回收活动和收益分配活动，相应地，也就会产生筹资风险、投资风险、资金回收风险和收益分配风险。

2.财务风险的特征

财务风险的特征如图1-20所示。

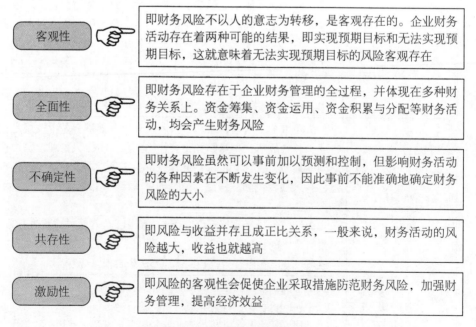

客观性	即财务风险不以人的意志为转移，是客观存在的。企业财务活动存在着两种可能的结果，即实现预期目标和无法实现预期目标，这就意味着无法实现预期目标的风险客观存在
全面性	即财务风险存在于企业财务管理的全过程，并体现在多种财务关系上。资金筹集、资金运用、资金积累与分配等财务活动，均会产生财务风险
不确定性	即财务风险虽然可以事前加以预测和控制，但影响财务活动的各种因素在不断发生变化，因此事前不能准确地确定财务风险的大小
共存性	即风险与收益并存且成正比关系，一般来说，财务活动的风险越大，收益也就越高
激励性	即风险的客观性会促使企业采取措施防范财务风险，加强财务管理，提高经济效益

图1-20　财务风险的特征

二、财务风险的分类

由于财务人员防范风险的角度不同，企业的财务风险也是多种多样的。按照不同的标准，可将风险分为不同的类型。以财务活动为标准，财务风险分为筹资风险、投资风险、资金回收风险、收益分配风险，如图1-21所示。

 筹资风险是指由于未来收益不确定，而导致企业到期无法偿还所筹集资金的风险。筹资风险发生在资本运动的筹资节点上，它的实质是企业负债经营产生的风险。筹资风险是财务风险的起点

 投资风险是指因不确定性因素导致投资报酬率达不到预期目标而发生的风险。投资风险反映了企业购买阶段资本配置的风险、企业生产阶段资本消耗的风险及企业产出阶段资本产出的风险

 资金回收风险则是指产品销售出去后因货币资金回收的时间和金额不确定而给企业带来的风险，包括销售风险和收款信用风险

 收益分配风险即企业的收益分配可能给今后的生产经营活动带来不利影响而产生的风险，它反映了商品产出节点上的经营风险和分配阶段的资本支付风险

图1-21　财务风险的分类

三、我国企业财务风险现状及成因

1.我国企业财务风险的现状

我国企业财务风险的现状主要表现在表1-20所示的几个方面。

表1-20　我国企业财务风险的现状

序号	现状	说明
1	资金结构不合理，负债比例过高	由于筹资决策失误等原因，我国企业资金结构不合理的现象普遍存在，具体表现是负债比例过高，很多企业资产负债率达到30%以上
2	项目投资分析不科学，投资决策失误时有发生	在固定资产投资决策过程中，由于企业对投资项目的可行性缺乏周密系统的分析和研究，加之决策所依据的经济信息不全面、不真实以及决策者决策能力低下等原因，导致投资决策失误频繁发生。决策失误使投资项目不能获得预期的收益，投资成本无法按期收回，为企业带来巨大的财务风险

续表

序号	现状	说明
3	对外盲目投资，导致巨额损失	投资决策者对投资风险认识不足、决策失误及盲目投资，会导致企业产生巨额投资损失
4	赊销比重较大，对应收账款缺乏控制	一些企业为了增加销量、扩大市场占有率，采用赊销方式销售产品，导致应收账款大幅增加。同时，由于企业在赊销过程中对客户的信用了解不够，盲目赊销，造成应收账款失控，较大比例的应收账款长期无法收回，甚至成为坏账
5	库存结构不合理，存货周转率不高	目前我国企业的流动资产中，存货所占比重相对较大，且存在存货积压。存货流动性差，一方面占用了企业大量资金，另一方面需要大量的保管费用，从而导致费用上升，利润下降

2.财务风险的成因

企业财务风险产生的原因很多，既有企业外部的原因，也有企业自身的原因。企业产生财务风险的原因一般有以下几个。

（1）企业财务管理的宏观环境复杂多变，而企业的管理系统不能与之相适应。

（2）财务风险是客观存在的，然而在实际工作中，许多企业的财务管理人员缺乏风险意识。风险意识淡薄是财务风险产生的重要原因之一。

（3）企业与内部各部门之间及企业与上级企业之间，在资金管理及使用、利益分配等方面存在权责不明、管理不力等现象，造成资金使用效率低下，资金流失严重，资金的安全性、完整性无法得到保证。

四、财务风险的防范

1.增强财务人员的风险意识

财务风险贯穿于企业活动的全过程，因此有必要增强财务人员的风险意识，具体措施如图1-22所示。

2.建立风险预警系统

为了保证企业健康持续发展，企业必须建立一套财务风险预警系统，以便在早期识别并采取有效措施预防企业的财务风险，或者在发生财务风险时能够及时拿出既定方案加以应对。

（1）建立短期财务预警系统，编制现金流量预算。

建立短期财务风险预警系统最重要的任务是编制现金流量预算，而该预算主要是

完善企业管理机构	完善财务监督机制
应对企业的管理机构进行改革或重组，建立严格的检查考核和监督机制，健全财务管理制度，加强财务管理基础工作，提高企业财务人员对风险的敏感程度	为了实现财务管理目标，降低财务风险损失，必须加强财务监督，促使企业安全运行，达到预期效果。应在企业内部建立内部审计体系，比如，设立专门的审计机构，配备专业的审计人员，制定专门的审计程序和具体的审计内容。还要建立财务人员问责制，使企业的财务风险与每个人的利益挂钩，让财务人员真正重视财务风险，提高对风险的警惕性

图1-22　增强财务人员风险意识的措施

通过现金流量分析来编制。通过现金流量分析，可以将企业的现金流动情况全面地反映出来。在应收款项、应付款项及存货三个项目中，任何一项失控，均会引起企业危机。因此可将这三个项目作为短期财务风险的风险源。

（2）建立长期财务预警系统，构建风险预警指标体系。

对企业而言，在建立短期财务预警系统的同时，还要建立长期财务预警系统，从综合评价企业的经济效益即盈利能力、偿债能力、营运能力、发展能力等方面着手，防范企业的财务风险。

资产盈利能力的监测指标有：总资产收益率，反映企业运用资产的获利能力；成本费用利润率（利润总额/成本费用总额），反映每耗费一元所得的利润，该比率越高，企业获利能力越强。

偿债能力的监测指标有：流动比率（流动资产/流动负债），反映了企业资产的流动性，该比率越高，企业的偿债能力就越强；资产负债率，当投资报酬率大于借款利率时，借款越多，利率越多，财务风险也越大。

营运能力的监测指标有：应收账款周转率与存货周转率。

发展能力的监测指标有：总资产净利率=净利润/平均总资产；销售净利率（经营活动产生的现金净流量/销售收入净额）；股东权益报酬率（净资产收益率）。

另外，企业还应充分利用会计师事务所、律师事务所以及资产评估事务所等社会中介机构在财务风险管控中的积极作用，一旦发现某种异常，应及时采取措施应对，以减少企业的风险损失。

3.合理调整资金结构，建立资金控制制度

建立资金控制制度，应从表1-21所示的两个方面着手。

表1-21　建立资金控制制度的措施

序号	措施	说明
1	健全企业财务管理指标体系	指标是评价、考核责任主体完成任务的尺度。一个企业如果想减少风险的发生，应重点关注以下指标： （1）资本保值增值率。该指标反映了企业资本的运营效益与安全状况，其计算公式为：资本保值增值率=期末所有者权益/期初所有者权益×100% （2）资产报酬率。该指标可以考核企业的盈利能力或发展能力，其计算公式为：资产报酬率=（净利润+利息支出+所得税）/平均总资产×100% （3）净资产收益率。作为考核企业投资回报水平的指标，其计算公式为：净资产收益率=净利润/净资产×100%
2	限定负债比例	一般根据企业的实际情况设定负债比例，限定对外担保额，将或有负债列入负债进行管理，设立"财务结算中心"，模拟银行存款、贷款及货币结算功能，服务企业内部的关联单位。这个"财务结算中心"的模式，能够发挥安全阀的作用，保证整体资金的安全运行，提升企业的整体实力

4.合理决策，减少风险

企业在选择财务方案时，应综合评价各备选方案可能产生的财务风险，在保证财务管理目标得以实现的基础上选择风险较小的方案。

5.合理应对外部风险

财务风险是客观存在的，企业应努力找出能够降低财务风险的方式，例如：

（1）可以在满足资金需求的前提下，适当降低资产负债率，来降低债务风险。

（2）在企业的生产经营中，可以通过改进产品设计、提高产品质量、开拓新市场、开发新产品等手段，提高产品的竞争力，降低因产品滞销、市场占有率下降而产生的财务风险。

（3）可以建立风险控制系统，设立专项偿债基金，降低风险对企业经营活动的影响；还可以选择最佳的资本结构，使企业风险最小，而盈利能力达到最大。

范本

财务风险管理办法

1.总则

1.1　为加强××公司（以下简称公司）财务风险管理，及时防范和化解财务风险，减少因财务风险造成的损失，依据《中华人民共和国公司法》《中华人民共和国会计法》《企业财务通则》等有关法律法规，制定本办法。

1.2 本办法所称财务风险，是指在公司及所属企业的各项财务活动中，因各种不确定性因素，在一定时期内使公司及所属企业财务状况偏离正常范围及产生财务损失的可能性，主要包括筹资风险、投资风险、运营风险和分配风险等。

1.2.1 筹资风险是指在公司及所属企业发行股票、债券，或借款等筹资活动中，因宏观政策等外部环境变化或筹资结构、币种、期限等因素的影响，给公司及所属企业的财务状况带来的不确定性。

1.2.2 投资风险是指投资失误或达不到预期收益，造成公司及所属企业损失或现金流量不足而引发的风险。

1.2.3 运营风险是指公司及所属企业的生产经营受各种不确定因素影响，导致财务收益低、现金流不足而引发的风险。

1.2.4 分配风险是指公司及所属企业因利润分配方式不合理导致现金流出过大，从而影响持续经营、再投资及整体形象。

1.3 本办法所称财务风险管理，是指公司对公司及所属企业的财务风险管理工作进行监督和指导，以及公司及所属企业对内部财务风险进行防范、控制与化解等管理工作。

1.4 公司及所属企业是财务风险损失的承担主体，也是财务风险管理的责任主体。公司应结合行业特点和自身实际，建立健全财务风险管理制度，定期分析财务风险状况，强化财务风险管理。

1.5 公司及所属企业的财务风险管理应遵循以下原则。

1.5.1 合法合规性原则。公司及所属企业财务风险管理工作应当符合国家有关法律法规和规章的要求。

1.5.2 全面性原则。公司及所属企业财务风险管理工作应覆盖生产经营的全过程及所有部门和岗位。

1.5.3 有效性原则。公司及所属企业财务风险管理的措施应适合公司及所属企业实际情况，能够得到贯彻执行并发挥作用。

1.5.4 成本效益原则。公司及所属企业财务风险管理实现的收益，要高于财务风险管理的支出和成本以及可能的损失。

1.6 公司及所属企业财务风险管理的目标。

1.6.1 完善公司及所属企业治理结构，加强内控制度建设，建立职责明确、分工合理、相互制衡的财务风险管理组织架构。

1.6.2 建立公司及所属企业财务风险预警机制，改进风险管理方式，优化信息管理技术，强化风险监测手段，建立财务风险管理重大突发事件应急处理机制，确保及时发现和化解风险。

1.6.3 制定完善的财务风险管理制度和工作规划，从重要财务事项、重大经济活动的风险防控入手，分步实施，逐步建立和完善财务风险监管体系。

1.6.4 健全责任追究机制，提高财务风险防范意识，有效防范财务风险。

1.7 公司及所属企业通过建立健全财务、投资、担保等有关制度，完善财务风险测评指标及管理办法，实现对公司及所属企业财务风险管理工作的监督和指导。

2. 财务风险预警

2.1 公司及所属企业财务风险预警是指公司及所属企业风险管理部门通过专门的方法监测、分析经济活动和理财环境，及时反映经营与财务状况，对各环节可能发生的风险提前发出信号，为管理决策提供依据。

2.2 建立财务风险预警系统。通过编制现金流量预算和完善财务指标分析体系等多种措施，建立长短期相结合的财务风险预警系统，对公司及所属企业经营管理活动中各项潜在风险进行实时监控，发现财务或经营指标存在某种异常情况时，应及时采取应对措施。

2.3 建立与完善财务风险评估制度。关注现金、往来、担保等关键控制点，加强财务管理各环节和资金运动全过程的风险评估；通过建立财务风险评估模型等，对公司及所属企业财务风险进行定性和定量测评，分析和判断公司及所属企业面临的风险及程度，及时研究和制定最佳的风险管理方案，将风险控制在可接受的范围。

2.4 建立财务风险监测体系。通过月度流动性分析、季度资产质量和负债率分析以及编制年度决算、审计报告等方法，完善公司及所属企业财务风险分析制度；定期开展公司及所属企业财务风险测评和咨询活动，充分利用社会中介机构在财务风险防控中的积极作用。

2.5 建立财务风险报告制度。公司及所属企业定期组织开展财务风险测评，形成风险评估报告并及时报告董事会或决策层。

3. 指标体系与监测

3.1 建立公司及所属企业财务风险双重监测机制，公司及所属企业层层组织开展财务风险测评分析工作。

3.2　建立健全以财务指标为主的测评体系，根据公司及所属企业逾期担保、两项资金占用等高风险业务的增减变动情况以及同行业水平，综合评定公司及所属企业的财务风险程度。

3.3　监测财务风险的主要财务指标为：

3.3.1　速动比率（短期偿债能力）

速动比率=（流动资产－存货）÷流动负债×100%

3.3.2　已获利息倍数（长期偿债能力）

已获利息倍数=（利润总额+利息支出）÷利息支出

3.3.3　资产负债率（资本结构）

资产负债率=负债总额÷资产总额×100%

3.3.4　或有负债比率（资本结构）

或有负债比率=或有负债余额÷（所有者权益+少数股东权益）×100%

或有负债=已贴现承兑汇票+担保余额+贴现与担保外的诉讼事项金额+其他或有负债

3.3.5　应收账款周转率（资产运用效率）

应收账款周转率（次数）=主营业务收入净额÷平均应收账款

3.3.6　不良资产比率（资产运用效率）

不良资产比率=年末不良资产总额÷（资产总额+减值准余额）×100%

年末不良资产总额=资产减值准备+应提未提和应摊未摊的潜亏挂账+未处理资产损失

3.3.7　带息负债比率（资本结构）

带息负债比率=（短期借款+一年内到期的长期负债+长期借款+应付债券+应付利息）÷负债总额×100%

3.3.8　盈余现金保障倍数（现金保障能力）

盈余现金保障倍数=经营现金净流量÷（净利润+少数股东损益）

3.3.9　流动资产周转率（资产运用效率）

流动资产周转率（次）=主营业务收入净额÷平均流动资产总额

3.3.10　资产现金回收率（资产运用效率）

资产现金回收率=经营现金净流量÷平均资产总额×100%

3.4　风险测评实行百分制。测评结果分为良好、平均、较差三个，对应分值区间为80～100分、60～80分、60分以下。

3.5 风险测评时采用公司及所属企业实际值与全国国有企业行业标准值对比的办法，每项测评指标满分为10分，指标计分公式如下。

处于良好以上的，计算公式为：[（公司及所属企业实际值－全国行业良好值）+（全国行业优秀值－全国行业良好值）×20+80]÷10。

处于平均以上良好以下的，计算公式为：[（公司及所属企业实际值－全国行业平均值）/（全国行业良好值－全国行业平均值）×20+60]÷10。

处于较差以上平均以下的，计算公式为：[（公司及所属企业实际值－全国行业较差值）/（全国行业平均值－全国行业较差值）×20+40]÷10。

3.6 单项测评指标得分合计即为公司及所属企业财务风险指标测评汇总结果，汇总结果对应良好、平均、较差等相应等级。

4.测评结果与运用

4.1 测评结果显示存在问题或较大异常的，要综合考虑公司及所属企业所处行业和发展阶段、发展趋势等方面因素，按照定量分析与定性分析相结合的原则，对公司及所属企业主要财务风险的形成原因进行深入分析，有针对性地提出应对措施。

4.2 加强预算风险管理。明确预算风险管理的目标，规范预算编制、审批、执行、分析与考核的流程，提高预算的科学性和严肃性，识别预算编制、预算执行、预算调整和预算考评等环节的风险。建立公司及所属企业预算分析制度，定期召开分析会议，全面掌握预算的执行情况。研究解决预算执行中存在的问题，纠正预算的执行偏差，建立健全预算控制制度。

4.3 加强筹资风险管理。分析各种不同筹资形式的风险程度，评价筹资的条件和原因，建立健全筹资风险控制制度，确保筹资全过程得到有效控制。

4.4 加强投资风险管理。综合运用盈亏平衡分析、动态风险监测等技术方法，加强投资风险的识别和管理，重点做好公司及所属企业投资的可行性研究，识别投资过程中可能出现的负面因素并制定详细的应对方案等。

4.5 加强运营风险管理。根据测评反映的问题，加强财务管理各环节和资金运动全过程的风险管理，建立健全公司及所属企业财务风险管理制度，确保各项财务决策的科学性、合理性。

4.6 加强收益分配风险管理。建立健全收益分配风险管理制度，规范收益分配的内部程序，合理选择分配政策，有效维护股东和投资者权益，确保公司及所属企业能够长远发展。

4.7　加强担保（质押）风险管理。规范公司及所属企业的担保政策，明确担保的对象、范围、方式、条件、程序、限额和禁止担保的事项，制定担保工作流程，加强担保对象资信调查、担保合同制定、担保事项跟踪等关键环节的控制。

4.8　加强债权债务重组风险管理。规范公司及所属企业债权债务重组流程，加强重组事项的管理，有效维护公司及所属企业的合法权益。

4.9　加强资产（股权）处置风险管理。规范公司及所属企业各项资产的处置程序，明确责任和分工，确保资产出售、报废、核销时收益实现或损失确认的准确性、合理性、及时性、完整性，有效维护公司及所属企业的合法权益。

5. 财务风险管理措施

5.1　建立健全财务风险管理组织体系。切实加强组织领导，理顺公司及所属企业内部的各种财务关系，明确专门部门和人员在财务风险管理中的地位、作用及职权，做到权责分明、各负其责，充分调动全员参与财务风险管理的积极性。

5.2　完善公司法人治理结构。明确公司及所属企业董事会、监事会及经理层的职责与运作方式，形成防范、监测和化解财务风险的合力。董事会应定期听取公司及所属企业的财务风险状况汇报，并及时采取措施化解风险。

5.3　提高全员财务风险防控意识。加强员工财务风险知识培训，遵循风险收益均衡原则，让风险防范意识贯穿于财务管理工作的各个环节。公司及所属企业的财务、审计等有关部门和工作人员，要具备财务风险信息收集、整理、分析能力和敏感、准确的职业判断能力，能及时发现与判断潜在的财务风险并提出解决方案。

5.4　严格执行国有资产监督管理的各项规章制度，规范各环节运作流程，确保公司及所属企业财务风险工作实现规范化和制度化管理。

5.5　建立科学的决策机制。积极采用科学的方法，确保公司及所属企业决策的科学性、民主性和规范性。应利用定量分析、因素分析和科学的决策模型，对各种可行方案进行全面分析评价，从中选择最优的决策方案，切忌主观臆断。

5.6　加强公司及所属企业的内部控制。按照合理合规、全面有效和风险导向原则，以风险评估为基础，建立控制制度和程序，并完善公司及所属企业的内部控制体系。加强信息沟通和监督，保证内部控制制度持续有效运行。

5.7 不断完善和创新财务风险管理方法。根据自身实际和不同方法的适用范围，选择恰当的风险管理技术和方法，采用多种有效的措施防范和规避财务风险。

5.8 加强财务风险管理信息化建设。持续推进公司及所属企业财务风险管理信息化建设，充分利用财务信息系统的实时监控功能和现代管理技术和手段，及时化解和规避财务风险。

5.9 加强公司及所属企业内部审计工作。发挥内部审计对公司及所属企业规章制度和重大经营决策执行过程的监督作用，强化事前预防和事中控制，保证公司及所属企业各项经营活动有效运行。

6. 监督与执行

6.1 建立与完善公司及所属企业财务风险防范体系。明确公司及所属企业的财务风险监管职责，建立经营者风险决策的激励与约束制度，落实财务风险处理的责任机制。

6.2 将财务风险管理责任落实到具体的部门及个人。实施严格的奖惩制度，提高全员防范财务风险的积极性和主动性，为财务风险管理工作正常有效的运转提供制度保障。

6.3 公司及所属企业主要负责人应对财务风险管理负总责。负责建立和完善财务风险管理体系，对公司及所属企业的财务风险进行评估，保证财务风险管理体系正常运行，并协调财务、审计等业务部门的风险防控工作。公司及所属企业财务部门、审计部门及其他业务部门应按照分工做好有关财务风险的防控工作。

6.4 公司监事会和派驻企业的财务总监要积极发挥财务风险防范作用，及时发现和披露公司及所属企业存在的财务风险，防止公司及所属企业出现重大损失。

6.5 建立公司及所属企业财务风险损失责任追究制度。对于财务风险防控体系不健全、没有按照相关规定和程序决策造成公司及所属企业出现财务风险和重大损失的，按照有关资产损失责任追究办法处理。

7. 附则

7.1 参与公司及所属企业财务风险测评的人员应对测评结果保密。擅自披露或造成不良后果的，公司应追究相关人员责任。

7.2 本办法由公司财务管理部负责解释、修改。

第七节　财务分析

　　财务分析是评价企业经营业绩及财务状况的重要依据，在企业财务管理中起着重要的作用。通过对企业财务状况进行分析，企业管理人员可以了解企业现金流量状况、运营能力、盈利能力、偿债能力；将影响经营成果与财务状况的微观因素和宏观因素、主观因素和客观因素加以区分，划清责任界限，客观评价企业的经营业绩，提高管理水平；了解企业的经营情况，挖掘企业的潜力，及时发现企业存在的问题，找出经营的薄弱环节，改善经营管理模式。

一、财务分析的资料与素材

1.财务分析的基础资料

（1）资产负债表

通过资产负债表，可以了解企业的偿债能力、资金营运能力等财务状况。

（2）利润表

通过利润表，可以考核企业利润计划的完成情况，分析企业的盈利能力以及利润增减变化的原因，预测企业利润的发展趋势。

（3）现金流量表

通过现金流量表，可以了解和评价企业获取现金和现金等价物的能力，并预测企业未来的现金流量。

2.积累财务分析的素材

财务经理平时要注意积累财务分析素材，具体方法如图1-23所示。

建立台账和数据库 ☞ 会计核算形成了会计凭证、会计账簿和会计报表，但是，编写财务分析报告仅靠这些凭证、账簿、报表数据往往还不够。例如，在分析经营费用与营业收入比率增长的原因时，往往需要了解不同区域、不同商品、不同责任人的收入与费用的关系，这些数据不能从账簿中直接得到。这就要求分析人员平时要做大量的数据统计工作，对分析的项目按性质、用途、区域、责任人分类，并按月度、季度、年度进行统计，建立台账

图1-23

| 关注重要事项 | ☞ | 财务经理要对企业经营过程中的重大事项进行记录，包括事项发生的时间、原因、预算、责任人及产生的影响等内容 |

| 关注企业的经营运行 | ☞ | 财务经理应尽可能多参加相关会议，了解生产、质量、市场、行政、投资、融资等各类信息，听取各方意见，以便于进行财务分析和评价 |

| 定期收集报表 | ☞ | 除会计核算方面的数据之外，财务经理还应收集企业生产、采购、市场等方面的报表，以便及时发现问题、总结经验。财务经理应养成多思考、多研究的习惯 |

| 进行岗位分析 | ☞ | 财务分析工作往往由财务经理负责，但分析材料要由每个岗位的财务人员提供。因此，所有财务人员都应养成善于分析的习惯，这样既可以提升个人素质，也有利于各岗位之间相互交流。每个岗位都能发现问题、善于分析，才能编写出内容全面、有深度的财务分析报告 |

图1-23 积累财务分析素材的方法

二、财务分析的方法

财务分析的方法有图1-24所示的几种。

| 比较分析法（纵向比） | ☞ | 它是通过指标的对比，从数量上揭示指标间差异的一种分析方法。其主要作用是揭示指标间客观存在的差距，并为进一步分析指明方向。这种分析法中的比较信息既可以是绝对数，也可以是相对数 |

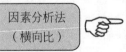

| 比率分析法（横向比） | ☞ | 它是利用同一张会计报表不同项目之间、不同类别之间，或两张不同会计报表有关项目之间的比率关系，从相对数上对企业的财务状况进行分析，并借以评价企业财务状况和经营成果的一种方法 |

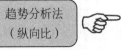

| 因素分析法（横向比） | ☞ | 又称连环替代法，它是将一项综合性的指标分解为各项因素，按顺序用各项因素的实际数替换基数，从而分析各项因素影响程度的一种方法 |

| 趋势分析法（纵向比） | ☞ | 它是比较企业连续数期会计报表中有关项目的金额，以揭示财务状况和经营成果增减变化的性质和趋势的一种分析方法 |

图1-24 财务分析的方法

三、财务分析的内容

1.企业偿债能力评价

企业偿债能力是指企业用其资产偿还长期债务和短期债务的能力，也是反映企业财务状况和经营能力的重要指标。企业偿债能力有静态和动态之分。静态偿债能力是指企业用资产清偿债务的能力；动态偿债能力是指企业用资产和经营过程创造的收益偿还债务的能力。企业支付现金的能力和偿还债务的能力，是企业生存和发展的关键。企业偿债能力分析是企业财务分析的重要组成部分。

反映企业偿债能力的指标主要有流动比率、速动比率、现金流动负债比率、资产负债率、利息支付倍数。

2.企业运营能力评价

企业运营能力是指以企业各项资产的周转速度来衡量企业资产利用的效率。周转速度越快，表明企业的各项资产进入生产、销售等经营环节的速度越快，那么形成收入和利润的周期就越短，经营效率也就越高。

一般来说，反映企业运营能力的指标主要有流动资产周转率、存货周转率、应收账款周转率、固定资产周转率、总资产周转率等。

3.企业盈利能力评价

企业盈利能力是各方关心的核心，是投资者取得投资收益、债权人收取本息的重要保障，是经营者经营业绩和管理效能的集中表现，也是职工福利设施不断完善的资金来源。只有保持长期盈利，企业才能真正做到持续经营。因此，无论是投资者还是债权人，都要非常重视反映企业盈利能力的比率。

根据会计报表提供的信息，可从表1-22所示的五个角度来评价企业的盈利能力。

表1-22　企业盈利能力的评价指标

企业盈利能力评价指标	意义
销售毛利率	商品的竞争力
销售利润率	行业的盈利水平
资产净利率	企业的管理水平
净资产收益率	投资者的回报
市盈率	从市场的角度看盈利

4.企业发展能力评价

企业发展能力是指企业的发展趋势与发展速度，包括企业规模的扩大、利润和所有者权益的增加。企业发展能力分析表明企业的长远扩展能力和企业未来的生产经营实力。通过企业发展能力分析，可以判断企业未来经营活动现金流量的变动趋势，也可以预测企业未来现金流量的大小。

反映企业发展能力的指标有主营业务增长率、主营利润增长率、净利润增长率、资本积累率。

5.财务趋势分析

财务趋势分析是通过比较企业连续几期的财务报表或财务比率，分析企业财务状况的变化趋势，并以此预测企业未来的财务状况及发展前景。在具体分析时，可以利用表1-23至表1-26所示的表格。

表1-23　比较资产负债表（部分）

项目	2021年年末	2022年年末	2023年年末
流动资产：			
交易性金融资产			
应收票据			
应收账款			
预付款项			
应收利息			
应收股利			
其他应收款			
存货			
一年内到期的非流动资产			
其他流动资产			
流动资产合计			
非流动资产：			
固定资产			
无形资产			
长期应收款			
长期股权投资			
投资性房地产			
……			

表1-24 比较利润表

项目	2021年年末	2022年年末	2023年年末
一、营业收入			
减：营业成本			
营业税金及附加			
销售费用			
管理费用			
财务费用			
资产减值损失			
加：公允价值变动			
（损失以"–"号填列）			
投资收益			
（损失以"–"号填列）			
其中：对联营企业和合营企业的投资收益			
二、营业利润			
（亏损以"–"号填列）			
加：营业外收入			
减：营业外支出			
其中：非流动资产处置损失			
三、利润总额			
（亏损以"–"号填列）			
四、净利润			
（亏损以"–"号填列）			
五、每股收益			
（一）基本每股收益（元）			
（二）稀释每股收益（元）			

表1-25 比较百分比资产负债表

项目	2021年年末	2022年年末	2023年年末
流动资产：			
非流动资产：			
资产总额			
流动负债：			
长期负债：			
负债总额			
股东权益			
负债及股东权益总额			

表1-26　比较财务比率

项目	2021年年末	2022年年末	2023年年末
流动比率			
速动比率			
资产负债率			
应收账款周转率			
存货周转率			
总资产周转率			
资产报酬率			
股东权益报酬率			
销售净利率			

6.财务综合分析

财务比率综合评分法是指通过对选定的几项财务比率进行评分，然后计算出综合得分，并据此评价企业综合财务状况的方法。财务比率综合评分法的程序如图1-25所示。

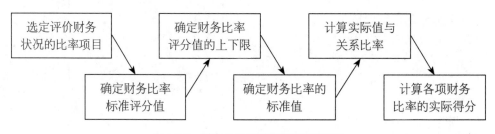

图1-25　财务比率综合评分法的程序

财务比率综合评分表如表1-27所示。

表1-27　财务比率综合评分表

财务比率	标准评分值（1）	上/下限（2）	标准值（3）	实际值（4）	关系比率（5）=（4）÷（3）	实际得分（6）=（1）×（5）
流动比率						
速动比率						
资产负债率						
存货周转率						
应收账款周转率						
总资产周转率						

财务比率	标准 评分值 （1）	上/下限 （2）	标准值 （3）	实际值 （4）	关系比率 （5）= （4）÷（3）	实际得分 （6）= （1）×（5）
资产报酬率						
股权报酬率						
销售净利率						
合计						

7.杜邦分析法

杜邦分析法（DuPont Analysis）是利用几种主要财务比率之间的关系来综合分析企业的财务状况。净资产收益率是杜邦分析的核心指标。在运用杜邦分析法时要关注以下四个重要的等式关系。

$$股东权益报酬率＝资产净利率×权益乘数$$
$$资产净利率＝销售净利率×总资产周转率$$
$$销售净利率＝净利润÷销售收入$$
$$总资产周转率＝销售收入÷资产平均总额$$

杜邦分析系统图如图1-26所示。

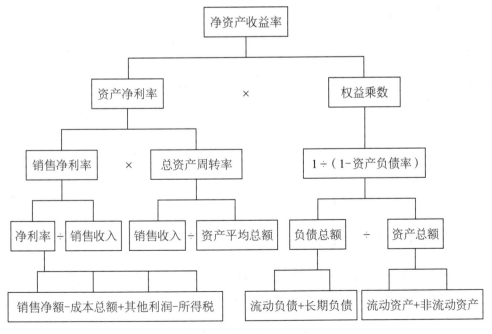

图1-26 杜邦分析系统图

四、撰写财务分析报告

财务分析报告是企业依据会计报表、财务分析表及经营活动和财务活动中的信息及其内在联系，运用一定的科学分析方法，对企业的经营特征，利润实现及分配情况，资金变动和周转情况，税金缴纳情况，存货、固定资产等主要财产物资的盘盈、盘亏、毁损情况，以及本期或下期财务重大事项作出客观、全面、系统的分析和评价并进行必要的科学预测而形成的书面报告。

1.财务分析报告的框架

财务分析报告的框架为：标题→报告目录→重要提示→具体分析→重点问题综述及相应的改进措施，具体内容如表1-28所示。

表1-28　财务分析报告的框架

项目	内容说明
标题	是对财务分析报告最精练的概括，应根据具体的分析内容而定。例如"某年度综合财务分析报告""资产使用效率分析报告"等，都是较合适的标题
报告目录	表明报告的主要内容及所在页码
重要提示	对本期报告的新增内容或重大问题作出说明，旨在引起领导的高度重视。重要提示一定要言简意赅，点到为止
具体分析	对企业的经营情况进行分析研究，找出问题的原因和症结，以达到解决问题的目的
重点问题综述及相应的改进措施	一方面是对上期报告执行情况的跟踪汇报，另一方面是对本期报告"具体分析"中揭示的重点问题进行集中阐述，旨在将零散的分析集中化，给领导留下深刻印象

2.财务分析报告的起草

企业应围绕标题，按报告的结构起草财务分析报告。专题分析报告要将问题分析透彻，真正做到分析问题、解决问题。对于综合分析报告，最好先拟出提纲，然后再收集、整理资料，选择恰当的分析方法编制。

3.财务分析报告的修改和审定

完成财务分析报告初稿后，可交由主管领导审阅，根据主管领导提出的意见和建议，再反复推敲，不断修改和完善。审定后的财务分析报告，应填写编制单位和编制日期，并加盖单位公章。

第二章

税务管理

税务管理是财务经理日常工作的一个重要组成部分。只有做好了税务管理工作，才能为企业节省成本，提高经济效益。

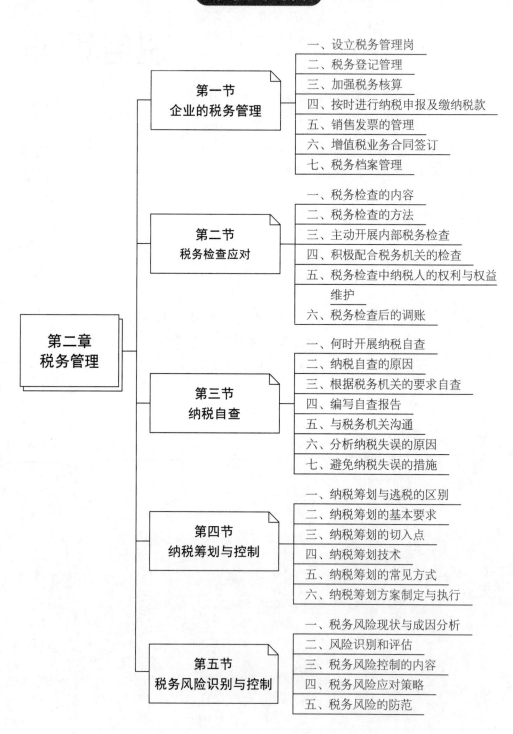

第二章
税务管理

第一节
企业的税务管理
一、设立税务管理岗
二、税务登记管理
三、加强税务核算
四、按时进行纳税申报及缴纳税款
五、销售发票的管理
六、增值税业务合同签订
七、税务档案管理

第二节
税务检查应对
一、税务检查的内容
二、税务检查的方法
三、主动开展内部税务检查
四、积极配合税务机关的检查
五、税务检查中纳税人的权利与权益维护
六、税务检查后的调账

第三节
纳税自查
一、何时开展纳税自查
二、纳税自查的原因
三、根据税务机关的要求自查
四、编写自查报告
五、与税务机关沟通
六、分析纳税失误的原因
七、避免纳税失误的措施

第四节
纳税筹划与控制
一、纳税筹划与逃税的区别
二、纳税筹划的基本要求
三、纳税筹划的切入点
四、纳税筹划技术
五、纳税筹划的常见方式
六、纳税筹划方案制定与执行

第五节
税务风险识别与控制
一、税务风险现状与成因分析
二、风险识别和评估
三、税务风险控制的内容
四、税务风险应对策略
五、税务风险的防范

第一节　企业的税务管理

一、设立税务管理岗

企业财务部门应设立税务管理岗位和人员，负责企业的纳税申报、税款缴纳，以及账簿凭证和其他涉税资料的准备、填报和保管等工作。税务管理人员若对税收政策不清楚，应及时向税务机关咨询。重大涉税业务、涉税风险、税务检查、免税事项及新税种认定要报财务部门审批。税务管理岗位职责为：

（1）贯彻执行国家有关税收政策，结合企业实际情况制定相应的管理办法，并负责督促执行。

（2）组织开展企业税务风险的识别、评估，监测日常税务风险并采取应对措施。参与制定或审核企业日常经营业务的税务政策和规范。

（3）制定各项涉税事务的处理流程，明确相应的职责和权限，确保税务事项的会计处理符合相关法律法规。

（4）办理税务登记证、一般纳税人资格认证及各种税务证件的年审；负责企业日常税务事项的审核、核算、申报、缴纳（含代扣代缴）、协调与管理工作；购买、开具、核销及保管增值税专用发票及其他各种发票。

（5）负责增值税发票的扫描认证及各种税款的申报、缴纳。当月收到的所有增值税涉税发票应在当月扫描、认证完毕，不得遗漏或丢失。

（6）负责申报、缴纳税款，编制涉税事项的会计凭证及所有内部税务管理报表。

（7）参与企业日常的经济活动和合同的会签，利用所掌握的税收政策，为企业的战略制定、关联交易、并购重组等重大决策，以及开发、采购、销售、投资等生产经营活动，提供专业的支持与管理建议。

（8）负责税务档案的管理，按照税法规定，真实、完整、准确地准备和保存涉税业务资料，并按相关规定进行报备。

（9）合理利用税收政策，对企业的经营活动进行税务筹划。每月对纳税申报、税负情况进行综合分析，有效地控制税收成本，发挥税务管理的作用。

企业税务管理人员应具备必要的专业资质、良好的业务素质和职业操守，要遵纪守法。企业应定期对税务管理人员进行培训，不断提高其业务素质和职业道德水平。

二、税务登记管理

企业的税务登记、变更登记、换证登记以及年审工作均由税务管理人员办理，均需报企业财务部门负责人审核、总经理审批。

1.新办企业的登记

财务部门应在企业领取工商营业执照后30天内，持工商营业执照和国家技术监督部门核发的企业统一代码证等相关证件，向税务机关申请办理税务登记。

2.税务变更登记

企业税务登记的下列内容发生变化时，应在规定的时间内向税务部门提出申请，办理税务变更登记。

（1）企业名称。

（2）法定代表人。

（3）注册登记类型。

（4）注册地或经营地址。

（5）经营范围或经营方式。

（6）其他需要变更税务登记的情形。

企业因住所、经营地点变动导致税务登记机关变动的，应当在向工商行政管理机关或其他机关申请办理变更或注销登记前，向原税务登记机关申报办理注销登记，并在30日内向所在地税务机关申报办理税务登记。

三、加强税务核算

企业应做好税务管理基础工作，依法设置账簿，根据合法、有效的凭证记账。税收核算要严格按照税收法规和会计法规开展，当企业税收筹划需要调整税收核算的，应按照税收筹划要求执行。经济事项的处理在税法和会计法中约定不明的，或税法与会计法之间存在冲突时，应作出合理的选择。避免出现兼营行为没有分开建账而从高征税、核算不清而核定征税、缺乏有效凭证而调高企业所得税等损失。

企业缴纳的任何税金（含增值税、城建税及教育费附加、车船税、房产税、城镇土地使用税、印花税等），无论金额大小，都应首先列入"应交税费"科目贷方，实际缴纳时再列入"应交税费"科目借方（不能直接借记费用科目，贷记货币资金科目）；会计主管和财务负责人必须对此类业务进行二次复核。

税金的计提和缴纳必须履行必要的审批手续；税金的计提和缴纳应综合考虑税金

预算和资金计划，做到各期纳税均衡和税负平衡。

财务人员在进行账务处理时，选用的会计科目及记录的凭证摘要应与所取得发票的开票内容保持一致。

四、按时进行纳税申报及税款缴纳

税务管理人员应依据税收法律法规，正确计算各类税费金额，并填写各项税费计算表，经财务经理审核后作为税金计提凭证的附件。会计处理与税收相关规定不一致的，税务管理人员在纳税时应当依法进行调整，并做好相关的账务处理。

税务管理人员应按时进行税收申报，及时足额缴纳税款。

每年结账前，税务管理人员应填写年度各项税费计提与缴纳清算表，检查各类税费应计提数与账面计提数、应缴额与实际已缴额是否存在差异，没有差异的，经财务经理审核无误后存档；存在差异的，应进行相关账务处理及申报。

五、销售发票的管理

1.发票的购买

税务管理人员根据业务需要，凭发票领购簿、税控盘或税控卡及办税员证到税务机关领购增值税发票。

2.发票的保管

企业实行空白增值税发票集中管理制度，必须指定专人、设置专门的储物柜集中保管增值税发票；税务管理人员领购发票后应及时根据发票的种类分别登记，并入库存放；税务管理人员应按发票种类编制发票收发存台账，领购时进行入库登记、使用时进行领用登记、每日结束时进行存量登记，登记要素包括发票数量、起讫编号、出入库日期、领用人签名等。

3.发票的领用

各部门按业务需要领用增值税发票，当天领用当天使用，当天未使用的空白增值税发票，应于下班前交还税务管理人员入库保存。

4.销售发票的开具

销售发票的开具要求如下。

（1）业务部门申请开具销售发票前，必须完成业务信息系统客户信息的录入工作，将客户按一般纳税人、小规模纳税人、个人进行分类。如果客户为一般纳税人，必须提供一般纳税人的相关资格证明。

（2）业务部门申请开具销售发票前，必须填写开票申请并提交财务部门审核，开票申请中必须包括买方详细信息、业务内容、金额、税率、开票类型等内容；税务管理人员负责审核开票申请中的买方是否在客户名录中，结算内容、税率、发票类型是否与合同相符，建筑服务与不动产租赁服务等特殊业务的发票备注栏信息是否齐全等。

（3）客户在外埠提供服务，且根据国家相关法律法规必须进行跨区预缴的，业务部门必须在开票前完成预缴，并根据预缴实际情况填制跨区预缴税金信息表，包括跨区服务内容、服务所在地、适用税率、开票金额、差额缴税分包情况（若有）、实缴增值税等内容；业务部门提交开票申请时一并附上跨区预缴税金信息表、预缴税单及各项支出结算单。

（4）税务管理人员根据审核无误的开票申请，开具销售发票，必须确保合同、资金、发票三流一致，不得随意更改结算内容。发票开具必须符合国家相关规定，建筑服务、不动产租赁等特殊业务备注栏信息必须齐全；不得向小规模纳税人、个人开具增值税专用发票。

（5）客户首次要求开具增值税专用发票时，必须提供一般纳税人相关资格证明及完整无误的开票信息，包括客户名称、地址、统一信用代码（税务登记证号）、银行账号、联系方式等。

5. 销售发票的传递

（1）税务管理人员开具销售发票后必须分专票、普票，按发票号依次登记开票签收簿，登记内容包括开票日期、发票号、结算内容、金额、税率、签收人、签收时间。

（2）销售发票开具后，必须由企业业务经办人员签收。根据"谁经办谁负责"的原则，业务经办人员负责向客户传递销售发票，并在完成销售发票传递后取得客户的签收凭证。

（3）业务经办人员应于开票当月及时将发票传递给客户，以确保客户能在规定的期限内完成认证抵扣；因发票滞压导致客户无法按期认证抵扣的，业务经办人员必须协助财务部门进行后续事宜处理；财务部门有权提请企业领导对相关责任人及部门进行处罚，并由其承担相应责任。

（4）对于外地的客户，需邮寄增值税发票的，业务经办人员不要折叠密码区，并且选择安全系数较高的快递公司。邮寄时，增值税专用发票的发票联与抵扣联必须分开，分两次进行邮寄，以免两联同时遗失；普通发票邮寄前必须先扫描留底。

6.采购或报销应取得有效发票

（1）发票取得的基本要求

① 企业采购资产（含原材料、库存商品、固定资产、无形资产、低值易耗品及办公用品等）或报销应取得有效发票。企业财务部门要积极参与本单位经济业务合同的审查工作，测算开具不同发票的综合成本，规范经济合同中发票的相关条款，确保所收取发票的合法性、正确性和效益性。

② 经济业务发生后，业务人员向对方索取发票及税务登记证复印件，以确定其是否具有开具发票的资格。若对方经营范围不包含此业务，则不具备开具发票的资格，业务人员必须要求其到税务部门代开发票。

③ 业务人员取得各类发票时，应对其真实性、有效性、合规性进行直接审核。必要时，可借助纳税服务热线、税务网站等渠道对发票的真实性、合法性进行验证。对于单张金额在5000元以上的发票，业务人员必须在发票背面空白处注明查票人及查票日期；业务人员对有疑问的发票应咨询财务人员；对于有效的发票，业务人员应登记好部门名称及号码，经有关人员审核签字后，将发票及登记表一同交予财务部门。

④ 移交或接收增值税涉税发票时，应如实填写增值税涉税发票交接及到期预警明细表，由交接双方签字确认。

⑤ 采购材料、商品，应取得增值税专用发票。凡税法规定必须取得增值税专用发票的，必须取得增值税专用发票，并确保增值税发票的正确性、完整性及清晰性，做到发票数量与入库单、检验合格证数量相符。不符合要求的发票，财务部门拒收。

⑥ 若因特殊原因无法取得增值税专用发票，由财务负责人及企业负责人批准后方能以其他普通发票作为付款（或报销）依据。

⑦ 取得的增值税专用发票必须合法、有效，业务人员不得收取过期发票或无效发票。

⑧ 各部门取得增值税涉税发票（含增值税专用发票、运输发票等）后必须在发票有效期内交给税务管理人员扫描认证。

（2）取得发票的时间要求

对于银货两讫或先开票后付款的采购，在付款时即应取得发票。

（3）款已付而发票未收的业务处理

对于款已付而发票未收的业务，企业应设立发票欠收备查账簿，逐笔登记发票欠收情况；欠收发票收回时，应及时在发票欠收备查账簿中勾销。

7.大额发票验证

财务部门应建立大额发票验证制度。大额发票是指定额发票单次报销金额在500

元以上，非定额发票单张金额在5000元以上的发票。对于大额发票，财务部门要逐一进行验证，验证内容包括开票单位、开票内容、发票真伪等。如果验证后的反馈信息为空，发票很可能是假的；如果领购纳税人名称与发票盖章单位不一致，即为借用发票。凡是验证信息与所取得发票信息不一致，一律要求开票单位更换，并停止向其支付一切货款，直到取得真实合法有效的发票。

8.采购发票的传递

（1）传递发票的时间要求

业务人员一般在取得发票后的10个工作日内完成结算申请，并实时跟踪相关信息，确保该发票在有效期内被认证；因业务人员未及时将增值税专用发票送至财务部门，而导致发票无法正常认证抵扣的，财务部门有权向企业领导申请对相关责任人及部门进行处罚，并由其承担由此产生的经济损失、税务风险。

（2）发票的签收

业务人员（或部门）应设立增值税发票签收本，并要求财务部门对其递交的增值税发票进行签收；财务人员签收时必须核对所签收发票与实际递交发票的一致性；财务部门应设立采购发票退回登记本，用于记录退回业务人员的增值税发票信息，并要求业务人员签收。

（3）发票的传递方式

若业务人员无法当面将采购发票递交财务部门且需邮寄的，必须选择安全系数较高的快递公司，邮寄时增值税专用发票的发票联与抵扣联必须分开，先后分两次进行邮寄，以免两联同时遗失；普通发票必须先扫描留底后才能邮寄。

9.发票遗失管理

发票经手人员应切实增强工作责任心，采取必要措施保证增值税发票的安全；若发生发票遗失情况，应及时向财务部门汇报，配合财务部门按税务有关规定处理。财务部门有权利向企业领导申请对遗失责任人及部门进行处罚；若遗失责任人为企业外部人员，则应由其承担遗失发票而产生的一切损失（包括税务处罚等）。

（1）增值税销售发票遗失一般处理

发票经手人员遗失企业出具的销售发票后，必须第一时间通知财务部门；财务部门于开票次月税务申报后出具该发票完税证明，并提供发票记账联复印件加盖发票专用章，不得随意作废、红冲联次不全的增值税发票；发票经手人员应积极协调客户，让客户通过合法途径解决发票遗失问题。

（2）增值税专用采购发票遗失处理

发票经手人员将采购业务取得的增值税专用发票遗失的，必须及时向财务部门备案，并主动联系供应商采取补救措施；遗失单联（发票联或抵扣联）的，应在持有联复印件上加盖供应商发票专用章，经办人员持单联及复印件办理结算业务；两联均遗失的，应请供应商于开票次月税务申报后出具该发票完税证明，并提供发票记账联复印件加盖发票专用章，业务人员持完税证明及发票记账联复印件办理结算业务。

（3）增值税普通采购发票遗失处理

发票经手人员将采购业务取得的增值税普通发票遗失的，必须及时向财务部门备案并采取补救措施，业务人员凭加盖供应商发票专用章的发票记账联复印件办理结算业务。

六、增值税业务合同签订

1.增值税业务合同签订流程

企业发生增值税涉税业务，必须签订合同；合同条款应由发起部门、相关部门审核，财务部门对合同中的增值税涉税条款进行审核，审核通过后送经理室审批。

2.增值税涉税条款

增值税涉税条款必须符合国家税务法律法规、企业相关规章制度，为避免出现四流不合一，降低税收风险，合同包括但不限于以下内容。

（1）合同标的的服务类型、商品种类必须明确，能让人直观判断经济业务的类型。

（2）合同中应当明确价格、增值税额及价外费用。

（3）合同中对不同税率的服务内容应当分项核算。

（4）合同适用税率必须明确，适用简易征收税率的，必须提供相关证明资料。

（5）明确结算时提供发票的种类，如增值税专用发票、增值税普通发票、通用机打发票或其他。

（6）约定发票提供、付款方式等条款。

（7）约定发票附件。

（8）采购合同必须约定"供应商应承担增值税发票瑕疵造成的企业经济损失"等相关条款。

3.增值税业务合同的保管

增值税业务合同的保管要求如下。

（1）财务部门指定专人进行增值税业务合同管理。

（2）签订增值税业务合同后，经办部门（或授权部门）必须递交一份合同原件至财务部门。

（3）财务部门取得合同原件后，复核合同内容，并建立合同台账。台账登记信息包括但不限于合同编号、合同内容、对方名称、合同金额、合同税率、签订日期等。合同若涉及工程直接成本，台账登记信息必须包含项目名称、项目编号、结算内容。

（4）合同内容如有修改、增加，经办部门指定专人出具书面通知，并附上修改后的合同原件，在合同变动当天到财务部门对更改、补充事项进行备案登记。

（5）财务部门根据年度预算计划，主动向业务部门收集新签订的合同，及时做好资金计划，对全面预算实施情况进行实时监控。

（6）财务部门必须定期将合同台账及合同原件移交财务部门档案管理人员，档案管理人员根据企业档案管理制度定期将整理好的增值税业务合同原件及台账移交相关职能部门。

4.增值税业务"三流合一"规定

（1）资金流向

① 增值税业务中，与企业进行业务结算的资金往来方必须与增值税发票、业务合同上记载的企业名称一致。

② 企业营业收入除客户指定银行账户以外，收款账户应为企业银行基本户，独立承接业务的子/分公司收款账号必须为集团监管范围内并且纳入现金池的银行基本户，不得随意使用一般户收款。

③ 增值税业务结算过程中，除允许个人报销的业务，结算资金必须按增值税发票上注明的银行账号进行转账。供应商如有特殊要求，每次付款时必须由其出具转入其他账号的情况说明。

（2）业务流向

增值税业务结算时，供应商必须提供证明业务真实性、业务流向准确性的相关材料。证明材料中的供应商必须与合同、发票、资金结算方一致，并且纳入供应商登记表。证明材料包括但不限于：

① 采购商品，送货单、验收单、出库单、入库单等。

② 工程分包，工程验收单、工作量结算明细表等。

③ 其他服务，服务付费通知、服务结算明细等。

（3）发票流向

增值税业务结算过程中的发票开具必须符合国家税法规定，发票上记载的双方必须与合同记载、资金往来、服务交易的双方一致。

七、税务档案管理

税务档案是指公司在相关税务活动中直接形成的，有保存和使用价值的文字、图表、声像等不同形式的材料或记录。

1.税务档案的收集

税务档案收集的内容包括但不限于：

（1）企业所有法定纳税申报表及内部税务管理报表。

（2）企业所得税汇算清缴审核报告及其他有关税务审核报告。

（3）税务机关出具的各种批复、检查处理决定等文件。

（4）其他有保存价值的文件或资料。

2.税务档案的归档

文书立卷应当注意文件之间的有机联系，并区别不同的价值，以便于保管和利用。归档时应当将正文与附件、正本与定稿、请示与批复、批转文件与原件等放在一起立卷。档案管理人员应当认真填写卷内文件目录，文件没有标题或者标题不明确的，要另拟标题。企业应建立税务档案保管清册，将所有税务证件、申报软件（含软件及IP地址）、IC卡、储存盘、纳税申报表、审计报告、税务批复、税法文件详细记录在保管清册中。

3.税务档案的借阅

本企业工作人员因工作需要，经财务经理同意后，可以借阅或复制税务档案资料；外来单位查阅税务档案时，必须持有相关手续，并经公司总经理批准。

4.税务档案移交

税务人员若因调动、离职、退休等离开企业，应办理税务档案移交手续，填写移交清单，移交清楚后方可办理调动等相关手续。

5.税务档案的保管

（1）反映企业一般税务活动，在较长时间对各部门工作有参考利用价值的文件材料，应长期保存，主要包括直属上级机关颁发的有关企业主营业务并需要企业贯彻执行的文件材料，下属单位报送的重要税务资料等。

（2）在较短时间内对企业有参考利用价值的文件材料，应短期保存，主要包括企业一般性税务事务文件、上级单位等下发的非企业主营业务但要贯彻执行的税务文件材料等。

6.税务档案的销毁

财务部门销毁无保存价值的档案时，应当出具档案销毁报告，说明销毁理由、原保管期限、数量和简要内容，经财务经理及财务负责人批准后方可销毁，并在原案卷目录上注销。销毁人、监销人应在销毁清册上签字。

第二节 税务检查应对

一、税务检查的内容

税务检查的内容主要包括以下几个方面。

（1）检查纳税人执行国家税收政策和税收法规的情况。

（2）检查纳税人遵守财经纪律和财会制度的情况。

（3）检查纳税人的生产经营管理和经济核算情况。

（4）检查纳税人遵守和执行税收征收管理制度的情况，有无不按纳税程序办事和违反征管制度等问题。

二、税务检查的方法

税务机关进行税务检查时，常用的方法如表2-1所示。

表2-1 税务检查的方法

序号	方法	详细内容
1	税务查账	税务查账是对纳税人的会计凭证、账簿、会计报表以及银行存款账户等核算资料所反映的纳税情况所进行的检查。这是税务检查中最常用的方法
2	实地调查	实地调查是对纳税人账外情况进行的现场调查
3	税务稽查	税务稽查是对纳税人的应税货物进行的检查

三、主动开展内部税务检查

内部税务检查的内容如表2-2所示。

表2-2　内部税务检查的内容

序号	检查项目	内容
1	进项税额检查	（1）取得的专用发票的真伪，内容是否真实，信息填写是否齐全、正确 （2）专用发票联与抵扣联记载的内容是否一致，是否只有抵扣而无发票联 （3）抵扣运费单据是否属于规定的可抵扣票据，项目是否符合要求 （4）付款单位与发票上的单位是否一致，购进的存货是否改变用途，是否将负担的进项税额做进项转出 （5）取得的防伪税控系统开具的发票属于抵扣税范围的，是否于180日内认证 （6）是否将进项税抵扣联按月、分税本装订成册并妥善保管
2	销项税额检查	（1）销售额计算是否准确 （2）采取折扣方式销售货物的，是否在一张发票上分别注明销售额和折扣额 （3）不予免抵退税额的，是否按规定做进项税转出
3	企业所得税检查	（1）营业收入计算是否准确、完整 （2）成本的计算是否前后一致，计算是否正确 （3）资产的税务处理以及折旧的计算是否符合税法规定 （4）对工资及福利、工会经费、职工教育经费是否进行纳税调整 （5）是否有违反法律、行政法规规定的罚款、罚金、滞纳金及非法支出 （6）是否在税前扣除各项减值准备金，对各项减值准备转回计算的纳税调整金额是否正确 （7）是否在税前扣除资本化利息支出 （8）享受优惠政策的企业所得税计算是否准确，资料是否完整，是否按规定期限及程序报送并备案资产损失，是否按照规定报送相关资料，资产损失的相关资料是否齐全 （9）广告费、宣传费、业务招待费、捐赠支出、个人佣金等是否超标准 （10）是否有为个人投保的人寿保险、财产保险等不得税前扣除的商业保险 （11）是否有白条、收款收据等非正式票据
4	其他税种的检查	主要检查是否按时依法准确计缴税金

四、积极配合税务机关的检查

对各级税务部门的纳税检查，企业应积极配合；财务经理为税务检查时的第一责任人，负责接受询问和解释。对于税务局开展的税务检查，许多企业的财务经理都有点担心、惊慌。其实，这只是税务机关开展的正常执法行动而已，企业只要依法纳税，不去触碰政策红线，并且提前做好应对检查的准备，就可以从容应对。

1. 全面了解税务检查

财务经理对税务检查要有比较全面的了解，以便寻找或者采取措施积极应对。

（1）税务检查行为基于税务检查权

税务检查的范围和内容，必须经税法特别列举规定。税务人员实施税务检查，其行为超过规定的权限范围，即属于违法的行政行为，不具有法律约束力，且不受法律保护，纳税人有权拒绝接受检查。

（2）税务检查的环节

《中华人民共和国税收征收管理法》规定了检查程序的四个环节，即选案、查案、审理、实施。这四个环节必须分离，以确保执法的公平、公正。检查实施是认定违法事实的关键环节。在实施税务检查之前，税务机关会提前发出税务检查通知书，并附税务文书送达回证给被查纳税人。

2. 开展全面的自查

企业要充分利用纳税检查之前的这一段时间，对企业上一年度的纳税情况进行一次较为全面的自查。

（1）如果发现问题，一定要及时纠正，以免受到不必要的税务处罚和税务负担。

（2）在自查过程中，要重视会计凭证、会计账簿、会计报表、纳税申报资料的整理、装订、保管等基础工作，因为这是税务检查人员的主要检查内容。

五、税务检查中纳税人的权利与权益维护

1. 被查纳税人的权利

纳税人有接受税务检查的义务，同时对违法的税务检查也有拒绝的权利——拒绝检查权。税务检查中纳税人享有的权利如图2-1所示。

图2-1　税务检查中纳税人享有的权利

纳税人弄清自己的法定权利与义务，做到心中有数，才能避免不必要的税务处罚和税务负担，减少麻烦，最大限度地降低税务成本和风险。

2.在税务专项检查中维护自己的合法权益

税务专项检查不同于日常检查，税务专项检查在检查范围、检查力度、监督管理、定性处理等方面的标准和要求更高，将触及企业的各个方面和层次，也会暴露出企业隐含的诸多涉税问题。对于税务专项检查，被查企业应当高度重视，并采取必要的应对措施，切实维护自己的合法权益，尽量减少经济损失，如图2-2所示。

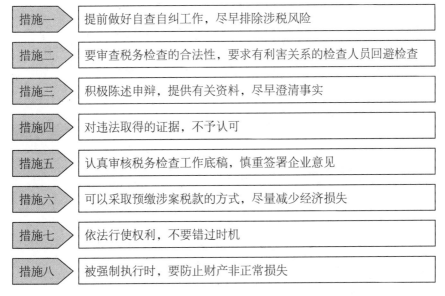

图2-2 维护自己合法权益的措施

（1）提前做好自查自纠工作，尽早排除涉税风险。

企业要充分认识税务专项检查的严肃性和紧迫性，不应当抱有任何侥幸心理，应当未雨绸缪，提前做好充分准备，积极应对。企业对可能存在的涉税问题，切不可听之任之，以免造成严重的经济损失。企业应在接受税务检查之前，根据自身的生产经营特点、财务核算情况和纳税申报情况，按照有关税收法律法规的规定，认真排查企业可能存在的涉税风险点，积极采取补救措施，提前排除有关涉税风险。

（2）要审查税务检查的合法性，要求有利害关系的检查人员回避检查。

税务机关在对企业进行检查时，要依法向企业下达正规的税务检查通知书，检查时应当由两名以上检查人员共同实施，并向被查对象出示税务检查证。因此，如果检查人员没有依法下达税务检查通知书，或者没有出示税务检查证，企业就可以拒绝检查，以防个别税务人员滥用检查权利，侵害企业的利益。

如果企业与检查人员存在利害关系，担心检查人员滥用职权对企业进行打击报复，企业可以向税务稽查局要求相关检查人员回避。尽管最终决定权在稽查局局长，但是如果有利害关系的检查人员没有回避，并且存在滥用职权、故意打击报复的行为，给企业造成了经济损失，被查企业可以搜集相关证据，依法行使陈述申辩、听证、复议和诉讼等权利，维护企业的合法权益。

（3）积极陈述申辩，提供有关资料，尽早澄清事实。

企业通常都是在收到税务行政处罚事项告知书之后才进行陈述申辩，其实在税务机关作出处罚决定之前，企业随时都可以陈述申辩。企业不仅可以在查后对拟处罚决定进行陈述申辩，而且在查中也可以对涉税问题进行陈述申辩。企业如果对检查人员认定的某项违法事实有异议，应当尽可能提供不同的证据和依据，争取在案件进入审理环节之前就澄清事实，以免发生错案，造成经济损失；另外，企业如果对既成偷税行为不是主观故意，也可以在陈述申辩的时候讲明情况，请求税务机关给予最低额度的罚款，争取将损失降到最低程度。

（4）对违法取得的证据，不予认可。

税务检查人员调查取证时，不得严重违反法定程序搜集证据材料；不得以违反法律强制性规定的手段获取侵害他人合法权益的证据材料；不得以利诱、欺诈、胁迫、暴力等不正当手段获取证据材料。在法律上，违法取得的证据不能作为定案的依据，企业对涉及的违法事实可以不予认可。如果将来税务机关依据这些证据进行处理、处罚，企业可以依法要求听证、复议或诉讼，以免让企业遭受损失。

（5）认真审核税务检查工作底稿，慎重签署企业意见。

税务检查工作底稿是检查人员对违法事实所涉及的业务情况和数据进行的描述，也是证据的组成部分。因此，企业对税务检查工作底稿要慎重对待，不能草率签下"情况属实"的字样。企业应首先根据税务检查工作底稿上所涉及的业务和数据，查找相关的会计资料，认真核实，然后再签署企业的真实意见。

（6）可以采取预缴涉案税款的方式，尽量减少经济损失。

在税务检查中，税务检查人员只要发现企业有未按期缴纳或者解缴税款的行为，就必然要根据规定对少缴纳的税款加收滞纳金。虽然滞纳金在计算比例上是很低的，但是如果滞纳税款的时间较长，就可能使滞纳金累积成一个很大的数额。

税务检查人员从查出涉案税款到最终下达税务处理决定书，必须严格按照稽查规程执行一系列检查工作，这个过程需要一段时间，这样必然要增加滞纳税款的时间。

因此，企业在检查中要积极、主动地与税务检查人员进行沟通，沟通的目的不仅是让企业及时澄清一些非违法问题，而且还可以让其从中了解检查中所涉嫌的违法情况。对于税务机关查出的税款问题，如果企业在将来可能的听证、复议和诉讼中胜算不大，则滞纳的每一天都要加收不菲的滞纳金，企业应当考虑在收到税务处理决定书之前，甚至在检查过程中就缴纳有关税款，以尽量缩短滞纳税款的时间，争取少缴纳滞纳金。企业在检查中就预缴涉案税款，也是积极配合检查的态度，还可以争取让税务机关酌情对违法行为从轻处罚。

（7）依法行使权利，不要错过时机。

被查企业除享有陈述申辩权利之外，对罚款还享有听证、复议和诉讼的权利，对税款和滞纳金享有复议和诉讼的权利，行使这些权利都有时间上的限制。企业相继收到的税务行政处罚事项告知书、税务处理决定书和税务行政处罚决定书上都会写明行使相关权利的途径、条件和期限，如果企业对其中的事项仍有异议，切记不要错过行使相关权利的最佳时机。

（8）被强制执行时，要防止财产非正常损失。

企业如果未按照规定的期限缴纳或者解缴税款，经责令限期缴纳而逾期仍未缴纳的；或者对罚款逾期不申请行政复议也不向人民法院起诉又不履行的，税务机关可能要依法采取强制执行措施。在这个过程中，企业虽然处于被强制执行的不利地位，但仍要注意企业的正当权益不能受到侵害。

① 扣缴存款不能超过应纳税款、罚款和滞纳金的总金额。

② 税务机关在对财产进行变现时，要按照法定的变现顺序进行，不能随意选择处理财产的方式，造成财产被低价处理，使企业蒙受额外经济损失。

③ 拍卖或者变卖所得抵缴税款、滞纳金、罚款以及拍卖、变卖等费用后，剩余部分应当退还被执行人。

如果税务机关采取强制措施不当，给企业造成了经济损失，企业可以进行复议或诉讼，要求税务机关对造成的损失进行赔偿。

3.利用"税收救济法律制度"维护自身权益

"税收救济法律制度"分为行政救济和司法救济两部分，由税务行政复议制度、税务行政诉讼制度和税务国家赔偿制度三方面组成。

相比而言，税务行政复议制度不需要纳税人承担任何费用，而且程序简单快捷，受案范围较广，补救措施更加宽泛，极大地方便了纳税人提出申请。这里重点介绍税务行政复议制度在纳税人权利保护方面的作用。

《中华人民共和国税收征收管理法》第八条规定：纳税人、扣缴义务人对税务机关所作出的决定，依法享有申请行政复议、提起行政诉讼的权利；第十一条规定：税务机关负责征收、管理、稽查、行政复议的人员的职责应当明确，并相互分离、相互制约。

行政复议是纳税人保护自身权益的重要手段。税务行政复议制度在保护纳税人权利方面的作用主要为图2-3所示的四个。

1 一种内部约束机制，是征税主体为防止和纠正自己的违法或不当行政行为而设计的制度。它既不是纯粹的行政行为，也不是纯粹的司法行为，而是一种行政司法行为，即准司法行为。融司法程序和行政程序于一体，排除了行政程序的专断和司法程序的烦琐

2 是专门为保障纳税人权益所设计的制度，发起程序简便快捷，纳税人主观上认为其合法权益受到侵害即可提出复议申请

3 受案范围广泛，兼具合法性、合理性审查。复议机关不仅可以审查违法的税收行政行为，也可以审查不当的税收行政行为；不仅可以审查具体的税收行政行为，也可以附带审查抽象的行政行为

4 补救措施更宽泛，复议机关可以撤销、变更，甚至代替原税务机关作出新的决定；复议申请更为方便，纳税人顾虑更少

图2-3　税务行政复议制度在保护纳税人权利方面的作用

六、税务检查后的调账

1.税务检查后本年度内调账

当税务机关检查的纳税期是本会计年度，并且企业尚未编制财务会计报表时，企业可以采取红字更正法、补充登记法等，直接调整被查年度即本会计年度的有关会计分录。

（1）红字更正法

红字更正法也称红字调整法，即先用红字编制一套与错账完全相同的记账凭证，予以冲销，然后再用蓝字编制一套正确的会计分录。这种方法适用于会计科目用错，或会计科目虽未用错但实际记账金额大于应记金额的错误账款。

某商场销售白酒一批，价款93600元（含税），收妥货款存入银行，该批白酒成本62000元，企业做如下账务处理。

借：银行存款　　　　　　　　　　　　　　　　　　　　93600

　　贷：产成品　　　　　　　　　　　　　　　　　　　62000

　　　　应收账款　　　　　　　　　　　　　　　　　　31600

该账务处理，把两个本来不存在对应关系的账户硬纠在一起，偷逃增值税、消费

税等，同时减少企业利润，偷逃企业所得税。应按照税收法规和财务制度将企业对外销售取得的收入按正常销售业务处理。用红字冲销法调账如下。

首先用红字冲销原错误分录。

借：银行存款　　　　　　　　　　　　　　　　（红字）93600
　　贷：产成品　　　　　　　　　　　　　　　　（红字）62000
　　　　应收账款　　　　　　　　　　　　　　　（红字）31600

然后再用蓝字编制一套正确的会计分录。

借：银行存款　　　　　　　　　　　　　　　　　　93600
　　贷：产品销售收入　　　　　　　　　　　　　　　80000
　　　　应交税费——应交增值税（销项税额）　　　　13600

同时还应编制如下分录。

借：产品销售税金及附加　　　　　　　　　　　　　20000
　　贷：应交税费——应交消费税　　　　　　　　　　20000
借：产品销售成本　　　　　　　　　　　　　　　　62000
　　贷：产成品　　　　　　　　　　　　　　　　　　62000

（2）补充调整法

补充调整法是指当应调整的账目属于遗漏经济事项或错记金额，按会计核算程序用蓝字编制一套补充会计分录而进行调整的方法。

📖 **案例**

某商店（小规模纳税人）销售商品一批，货款62400元，购货方尚未支付货款，经检查发现，商品已经发出，但该商店未做销售处理，可采用补充调整法做如下账务处理。

借：应收账款　　　　　　　　　　　　　　　　　　62400
　　贷：商品销售收入　　　　　　　　　　　　　　　60000
　　　　应交税费——应交增值税（销项税额）　　　　2400

（3）综合调整法

综合调整法是补充调整法和红字调整法的综合运用。一般说来，税务检查后，企业需要改正的错误很多，如果一项一项地进行调整，显然很费精力和时间，因而企业需将各种错误通盘考虑，进行综合调整。运用综合调整法的要点是：用蓝字补充登记应记未记或虽已记但少记的科目，同时，仍用蓝字反方向冲记不应记却已记的会计科目，从而构成一套完整的分录。采取综合调整方法，要求企业财务人员具有较高的业务素质，能够将会计科目之间的联系搞得清清楚楚，否则很容易出错。编者在此总结出几句口诀：方向记反的，反方向再记；金额多记的，反方向冲记；金额少记的，正方向增记；不该记而记的，反方向减记；应记未记的，正方向补记。

 **案例**

　　某企业将生产车间工人的应付福利费8000元记入"管理费用"，企业原账务处理如下。

　　　借：管理费用　　　　　　　　　　　　　　　　　　　　8000

　　　　贷：应付福利费　　　　　　　　　　　　　　　　　　8000

　　根据财务会计制度规定，生产车间工人的应付福利费应记入"制造费用"科目。运用综合调整法时，一方面借记"制造费用"科目，同时，反向登记"管理费用"科目予以冲销，即，

　　　借：制造费用　　　　　　　　　　　　　　　　　　　　8000

　　　　贷：管理费用　　　　　　　　　　　　　　　　　　　8000

2.税务检查后跨年度的账务调整

　　如果税务检查是在企业年度会计报表编制以后进行的，即税务检查查出的是上一年或以前年度的错账，那么企业就必须通过"以前年度损益调整"等账户，选择综合调整法进行调账。因为，在这种情况下，上一年度财务决算已经编报，会计账户尤其是成本费用账户已经结平，没有余额，企业不可能追到各受表单位收回报表进行更改（在制度上也是不允许的）。因此，企业就不可能通过更改原有错误账户进行调账，只能通过"以前年度损益调整"科目进行调账。相应地，在调账方法上也只能选择综合调整法进行账务调整。

　　"以前年度损益调整"科目属损益类账户，企业用来在本年度调整以前年度的损益事项。该科目的借方发生额反映企业因以前年度多记收益、少记费用而调整本年度损益的数额；贷方发生额反映企业因以前年度少记收益、多记费用而调整本年度损益的数额。期末，企业应将"以前年度损益调整"科目的余额转入"本年利润"科目，结转后，该科目无余额。

 **案例**

　　税务机关在对某纳税人2022年度的纳税情况进行纳税检查时发现，该企业上年将基建工程领用的原材料60000元记入生产成本（增值税进项税额已经转出）。根据财务会计制度的规定，基建工程领用的原材料应记入"在建工程"，而该企业将其列入生产成本，等于虚增了成本，减少了当年利润，应调增在建工程成本，调增上年利润，补缴企业所得税，调账分录如下。

　　1.调整上年利润时，会计分录如下。

　　借：在建工程　　　　　　　　　　　　　　　　60000

　　　　贷：以前年度损益调整　　　　　　　　　　　60000

　　2.补缴企业所得税19800元（60000×33％）时，会计分录如下。

　　借：所得税　　　　　　　　　　　　　　　　　　19800

　　　　贷：应交税费——应交所得税　　　　　　　　19800

　　3.年末结转本年利润时，会计分录如下。

　　借：以前年度损益调整　　　　　　　　　　　　　60000

　　　　贷：本年利润　　　　　　　　　　　　　　　60000

　　应该说明的是，跨年度调账方法只限于跨年度损益事项，即直接影响当年利润的事项；对于跨年度的非损益事项如应收账款、应付账款等往来事项，仍可按本年度内的调账方法进行账务调整。

 小提示

　　某些时候，纳税人可能需要补缴税款，但却无须进行账务调整。这主要是纳税人对永久性差异进行纳税调整时处理有误而引发的查补税款。在这种情况下，纳税人只需进行补提税款和缴纳税款的账务处理即可。

第三节　纳税自查

　　企业对自己的情况比较熟悉，通过纳税自查容易发现问题，可以增强纳税的自觉性。但是，自查稍有疏忽就会流于形式，查得不深不透，容易出现走过场的现象。

一、何时开展纳税自查

1.日常纳税自查

企业在纳税自查时，应检查税务登记情况，发票领购、使用、保存情况，纳税申报、税款缴纳情况，财务会计资料及其他有关涉税情况。企业可自行依照税法的规定进行自查，也可委托注册税务师代为检查。对于涉税疑难问题，应及时向税务机关咨询。

企业自查要查深查透，以免在税务机关检查时，被追究行政和经济责任，甚至被移送司法机关追究刑事责任。

此外，企业还要自查作为纳税人其合法权益是否得到了充分保障，是否多缴纳、提前缴纳了税款等。这有利于企业改善经营管理，加强经济核算，做到依法纳税。

2.专项检查前纳税自查

税务机关根据特定的目的和要求，往往需要对某些特定的纳税人或对纳税人的某些方面或某个方面进行专项检查，企业可根据国家发布的税务专项检查工作方案中的检查重点和检查方向进行自查。

3.汇算清缴中纳税自查

企业应将所得税收入总额与流转税申报收入总额进行对比，检查纳税调整项目的涉税处理、新报表主附表的钩稽关系等内容。

二、纳税自查的原因

企业进行纳税自查的原因包括两个方面。

（1）税务机关在检查前要求企业自查。

（2）税务机关发现纳税疑问要求企业自查。

有些企业不了解《纳税评估管理办法》的内容，以为税务机关要求自查或者约谈或者预警就是发现了企业的问题，抓住了企业的把柄，企业不补税肯定摆脱不了干系。

很多企业急急忙忙补税就是因为上述原因造成的。建议企业要多学习《纳税评估管理办法》，今后，税务机关纳税评估已经是一项正常的管理手段，企业会经常面对。对于税务机关发现的疑点，企业需要分析其是否合理，企业是否真存在纳税问题。如果没有问题，企业提出合理的解释就可以，不要陷入恐慌。

税务机关发出检查或者企业自查或者预警通知书往往有一定的背景,比如全国范围内的专项检查、重点行业检查、重点税种检查等。了解税务机关发出通知的背景,企业才能做好自查。

企业可以通过税收管理员、税务机关其他人员、中介人员、税务文件等获取相关信息。

三、根据税务机关的要求自查

税务机关检查的重点也是企业自查的重点。企业自查应该把关注点放在重大税务风险和重大税务漏洞上,至于平时的小会计差错,可以置之不理。如果有重大问题,应及时更正,并考虑补税。如果没有重大错误,则不应该因为恐慌而补税。

1.企业税务自查的内容

企业在接受税务机关检查之前,应从以下几个方面着手进行自查自纠,如表2-3所示。

表2-3 企业税务自查的内容

序号	重点	具体内容
1	主营业务收入的自查	企业要将"主营业务收入"等收入类明细账与纳税申报表及有关发票、收款单据、工程决算书等原始凭证进行详细核对,确认已实现的工程结算收入是否及时足额纳税
2	往来账户的自查	企业要详细检查是否将已完工工程的收入挂在"预收账款"或"应收账款"账上,而未结转"主营业务收入";是否低报工程进度或漏报工程项目
3	纳税时间的自查	企业应根据税法中对纳税义务发生时间的规定,检查有没有延迟确认纳税义务的情况,还应将"主营业务收入""应付账款""预收账款"等明细账与建筑安装工程合同对照,看是否有不按工程合同规定的结算办法确认收入实现时间、延迟缴纳税款等问题
4	包工不包料建筑工程的自查	企业是否只将人工费、管理费收入列入工程价款,而将所耗的材料剔除在外。对这类问题的自查,要重点核对"主营业务收入"账户
5	提供劳务换取货物的自查	要是企业以提供劳务换取货物,应自查是否有不通过正常的"主营业务收入"申报纳税的现象
6	价外费用的自查	要是企业有价外费用,可通过核对结算单据和有关账户进行自查,看是否有将收取的价外费用直接冲减"财务费用"而未记入营业收入的问题,如有,应及时纠正过来

续表

序号	重点	具体内容
7	其他业务收入的自查	企业的其他业务收入包括劳务收入、机械作业收入、材料转让收入、无形资产转让收入、固定资产出租收入、多种经营收入等。对其他业务收入的自查，第一，应注意企业有没有因错划征税范围而导致计税依据和税率运用错误；第二，要注意企业有没有将收入直接冲减成本费用，如在取得其他业务收入时，不通过"其他业务收入"科目核算，而是直接冲减成本类账户；第三，要注意企业有没有在取得收入后不申报纳税，如取得其他业务收入时只按"工程结算收入"申报缴纳税款，而对"其他业务收入"未履行纳税义务
8	印花税的自查	企业签订的不动产转移书据、租赁合同、购销合同、建安合同以及视同合同的有关票据、账簿资金等是否按规定申报并缴纳印花税

2.税务自查的方法

（1）对照税收法律和条例自查

企业要详细对照各种税收法律和条例，将每一个经营项目涉及的税种逐个进行排列；对照适用的税率，尽可能准确计算应纳税额，并按时申报，及时清缴入库。同时，财务人员要努力学习税法知识，特别注意容易疏漏的环节，比如印花税轻税重罚、折旧年限及摊销年限的规定等；若遇特殊税务问题，最好能及时与税务机关沟通，确保认真执行税法和条例。

（2）认真整理涉税资料

企业要认真整理涉税资料，自觉接受税务机关的检查。税务机关对企业纳税情况进行检查，是正常的执法行为，是企业免费的咨询机会。积极支持和配合税务检查是企业应履行的义务。

（3）做好纳税资料的整理、装订、标识、保管等基础工作

企业应该充分认识做好会计凭证、会计账簿、会计报表、纳税申报资料的整理、装订、标识、保管等基础工作的重要性，它们是税务人员主要检查的内容。在处理日常工作时就抓好以上工作，既节约了检查时间，又提高了检查质量，同时还提高了企业财务人员的税收业务处理能力。

四、编写自查报告

自查报告的内容应该包括企业情况介绍，企业采取了哪些自查措施，自查的结论；对税务机关提出的质疑进行分析，并提供相关证据。

例如，税务机关质疑企业连续多年亏损，企业应该分析亏损的原因，是生产没有达到设计规模，是销售量上不去，还是促销费用太高？每家企业都希望盈利，但是不盈利也是一种真实的经营状态，企业一定要解释清楚。

又如，税务机关质疑企业税负偏低，企业应该分析税负是如何形成的，税负偏低的原因有哪些。最好结合《纳税评估管理办法》中的分析指标进行说明，因为税务机关就是运用这些指标来分析企业的。

如果存在重大差错需补税，企业也应该把来龙去脉讲清楚，把涉及的背景、金额、原因等说明白，不能只表明补××万元税。如果这样，税务机关会认为企业的账还大有挖掘潜力。

下面是某公司的年度税务自查报告，供读者参考。

范本

××有限公司年度税务自查报告

本财务部于××××年5月21日对公司上年1～12月的账务进行了自查。

纳税人名称：

纳税人税务识别号：

经济类型：

法定代表人：

检查时限：××××年1月1日至12月31日

一、公司基本情况

本公司系＿＿＿＿＿＿＿＿企业，经营地址：＿＿＿＿＿＿＿＿＿＿＿＿＿＿＿＿，

主营：＿＿＿＿＿＿＿＿＿＿＿＿＿＿＿＿＿＿＿＿＿＿，负责人：＿＿＿＿＿＿，

在册职工工资总额：＿＿＿＿＿＿＿＿＿＿＿＿＿＿＿＿。

××××年实现营业收入：＿＿＿＿＿＿＿元，经营性亏损：＿＿＿＿＿＿＿元。

二、流转税

1. 主营业务收入：本公司××××年实现主营业务收入＿＿＿＿＿＿＿元。

2. 增值税：本公司××××年缴纳增值税＿＿＿＿＿＿＿元。

3. 城市维护建设税：本公司××××年缴纳城市维护建设税＿＿＿＿＿＿＿元。

4. 教育费附加：本公司××××年缴纳教育费附加＿＿＿＿＿＿＿元。

5. 地方教育附加：本公司××××年缴纳地方教育附加＿＿＿＿＿＿＿元。

6.水利基金：本公司××××年缴纳水利基金_____元。

三、所得税

本公司××××年缴纳所得税_____元。

四、地方各税

1.个人所得税：本公司职工____人，××××年工资收入_____元，个人工资收入未达到个人所得税纳税标准。

2.土地使用税：无

3.房产税：无

4.车船税：无

5.印花税：本公司××××年主营业务收入_____元，按0.03%税率应缴印花税_____元，账本____本，每本5元贴花，共计_____元，合计应缴纳印花税_____元。

五、规费基金部分

1.本公司××××年度为个人缴纳了社会养老保险_____元，失业保险_____元。

2.本公司××××年缴纳残疾人就业保障金_____元。

六、发票使用情况

××××年本公司开具了____本发票。

五、与税务机关沟通

企业在提供了书面自查报告以后，应该主动与税务机关进行沟通。

六、分析纳税失误的原因

纳税失误的原因主要有两个方面，具体说明如表2-4所示。

七、避免纳税失误的措施

避免纳税失误可从以下六个方面着手，如表2-5所示。

表2-4　纳税失误的原因

根本原因	具体原因
（1）财务部门未能及时掌握和运用税收法规政策 （2）我国的税收法规体系庞大、复杂，法规文件较多，法规政策调整较快，同一项经济行为有若干条税收规定。因此，企业可能很难全面、及时地了解和掌握这些税收法规 （3）对一些优惠政策或激励性的税收法规未能及时掌握和运用，放弃了国家给予纳税人的一些特定优惠 （4）对限制性的税收规定没有及时了解和把握，缴了一些冤枉税	（1）决策层与高管层（老板）缺乏税收意识，在制定经营策略时，忽视了税收的调节作用 （2）企业财务人员没有完全掌握涉税业务 （3）外部中介机构缺乏税法应用能力与职业责任心 （4）税务机关错误执法，由于历史原因，税务机关的权利与纳税人的权利之间处于失衡状态，导致纳税人承担了很多额外税负

表2-5　避免纳税失误的措施

序号	措施	说明
1	加强对税法遵从失误的控制	税法遵从失误是指企业的经营行为未能有效适用税收政策而导致未来利益损失，例如： （1）企业未能及时更新适用的税收政策系统 （2）企业未能对内部发生的变化作出正确判断 （3）企业缺少外部机构对内部各项经营行为的指导 （4）企业缺乏对税收法规政策的分析与应用能力
2	提高纳税方案的规划与设计能力	逐步提高纳税方案的规划与设计能力，在经营目标、经营模式与行为、纳税负担三者之间找到一种最佳的联系方式
3	提高纳税业务能力	纳税业务能力快速提高的前提条件是，相关人员的培训与激励制度合理确立和良性运行
4	与税务局建立良好的工作关系	企业一定要与税务局建立良好的工作关系，这样才能在第一时间获取最新的税收政策
5	引进专业的外部顾问机构	如果企业财务部门对税务不是很精通，可以引进专业税务顾问机构，从而避免纳税失误的情况出现
6	面对税务局的错误执法，要敢于说"不"	为了平衡纳税人的弱势地位，保障纳税人的合法权益不受侵害，国家通过相应的法律与政策为纳税人规定了基本的权利

第四节　纳税筹划与控制

一、纳税筹划与逃税的区别

合理节税不同于逃税，它不是对法律的违背和践踏，而是以尊重税法、遵守税法为前提，以对税收法律的详尽理解、分析和研究为基础。

合理节税与逃税的区别具体如表2-6所示。

表2-6　合理节税与逃税的区别

序号	涉及方面	合理节税	逃税
1	经济方面	节税是为了减轻税收负担，采取正当的手段，对经济活动进行组织安排	逃税是企业在实际纳税义务已发生并且确定的情况下，采取不正当或不合法的手段逃避纳税义务，减少应纳税款，是对纳税义务的逃避
2	法律方面	节税是在遵守税法的前提下进行的税负减轻的活动	逃税是企业有意识地采取谎报和隐匿有关纳税情况与事实达到少缴或不缴税款的目的，其行为具有欺诈的性质
3	手段方面	节税是寻找和利用税收法律法规中的缺陷和漏洞，使应税事实变为非应税事实或者变为纳税义务较轻的应税事实，从而达到少缴税或不缴税的目的	逃税是对应税事实隐瞒或者做虚假陈述，经税务机关通知申报后拒不申报或进行虚假的纳税申报，来实现不履行已发生的纳税义务

二、纳税筹划的基本要求

1.纳税筹划应具备超前意识

财务经理开展纳税筹划工作，必须在税收业务发生之前，准确把握这项工作有哪些过程和环节，涉及我国现行的哪些税种，有哪些税收优惠政策，所涉及的税收法律法规中存在哪些可以利用的空间。

掌握以上情况后，财务经理便可以利用税收优惠政策和税收立法空间达到节税目的。由于上述筹划行为是在具体的业务发生之前进行的，因而这些活动或行为属于超前行为，财务经理需要具备超前意识。

2.纳税筹划不能与税法相抵触

财务经理在进行纳税筹划时不能盲目操作，更不能与现行税收法律法规相抵触。如果纳税筹划超越了这个前提，就很有可能演变成偷税、骗税等违法行为。财务经理应熟练把握有关法律规定。

（1）理解法律精神。

理解法律规定，掌握政策尺度。在进行纳税筹划之前，财务经理首先应当学习和掌握国家税法精神，争取得到税务机关的帮助。

（2）了解法律和国家机关对纳税活动"合法和合理"的界定。

法律条文的权威性不容置疑，但从中国的税法执行环境来看，税法在操作上存在某些欠缺，税务机关存在相当大的"自由裁量权"。所以，财务经理必须熟悉税法的执行环境，与税务机关做好充分的沟通。

3.纳税筹划要具备自我保护意识

财务经理开展纳税筹划工作时，需要具备自我保护意识。既然纳税筹划在不违法的前提下进行，那么纳税筹划行为离不合法越远越好。

为了更好地实现自我保护，财务经理需要注意以下三点内容。

（1）增强法制观念。

（2）熟练掌握税收法律和法规。

（3）熟练掌握有关的会计处理方法。

三、纳税筹划的切入点

纳税筹划必须在客观环境允许的范围内实施。总体上讲，纳税筹划受国家宏观政策和经济形势、企业经营状况和所处环境等因素的影响。财务经理进行纳税筹划时，关键是要找到切入点。纳税筹划的切入点大体可以分为图2-4所示的几类。

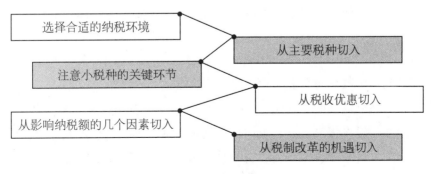

图2-4　纳税筹划的切入点

1. 选择合适的纳税环境

我国正处于经济转型时期，不同地区的政府部门，其执法水平、人员素质和服务意识不同；不同地区的税务机关，其税收征管实践的差异也很大。因此，企业所在地的经营环境就有好坏之分。财务经理必须充分考虑这些因素，否则很容易增加筹划风险和筹划成本。

2. 从主要税种切入

主要税种是指与企业主营业务有关的或与企业主要经济事项有关的税种。纳税筹划可以针对一切税种，但由于不同税种具有不同的性质，因此纳税筹划的途径、方法及收益也不同。财务经理在进行纳税筹划时，要考虑图2-5所示的三个因素。

经济与税收相互影响

也就是某个特定税种在企业经济活动中的地位和作用

税种自身的因素

这主要看税种的税负，税负的弹性越大，税收筹划的潜力也越大。一般来说，税源大的税种，税负的伸缩性也大

企业的发展目标和发展阶段

阶段性目标往往决定了企业面临的主要税种和承担的主要税负，这对以后的企业税负也会有影响，需要认真进行筹划

图2-5　从税种切入进行纳税筹划需考虑的因素

3. 注意小税种的关键环节

有些小税种对企业来说虽然并不是主要税种，但也需要对其关键环节进行筹划，比如，所有者权益增加时怎样缴纳印花税；选择什么样的经济合同贴花；企业房地产确定原值时，要考虑土地使用权价格与土地工程价款剥离后会对房产税产生怎样的影响等。

4. 从税收优惠切入

企业充分利用税收优惠条款，就可享受节税收益。但选择税收优惠作为税收筹划的突破口时，应注意以下两个问题。

（1）不能曲解税收优惠条款，滥用税收优惠政策，以欺骗手段取得税收优惠。

（2）应充分了解税收优惠政策，并按法定程序进行筹划，以免因程序不当而失去应有的权益。

5.从影响纳税额的几个因素切入

应纳税额的计算公式为"应纳税额=计税依据×税率"。从这个公式可以看出，计税依据越小，税率越低，应纳税额就越小。进行纳税筹划时，财务经理要抓住这两个因素，选择合理、合法的手段来降低应纳税额。

6.从税制改革的机遇切入

税制改革对很多企业来说是机遇与风险并存。针对税制改革，纳税筹划的基本思路是：充分利用税制改革的机遇，对可能增加税收优惠的项目，要在税制改革后去办理；避免税制改革的不利影响，把会增加税收负担的项目，尽量在税制改革前办妥；对于税制改革不确定的项目，尽量在税制改革前不结案、不封账、不下结论，以增加这类项目的可变性。

四、纳税筹划技术

财务经理可用到图2-6所示的纳税筹划技术。

图2-6　纳税筹划技术

1.免税技术

免税技术是指在法律允许的范围内，使企业成为免税人，或使企业从事免税活动，或使征税对象成为免税对象而免纳税的技术。例如，农业生产者销售自产农业产品，可免缴增值税。

2.减税技术

减税技术是指在法律允许的范围内，使企业减少应纳税从而直接节税的技术。我国减税的目的有两个：一是照顾目的，如对于遭受风、火、水、雾等严重自然灾害的企业可以减征或免征企业所得税一年，这是国家照顾性质的减税；二是鼓励目的，利用税收手段调控、引导经济的发展。

必要的时候，财务经理可向税务部门提交减税、免税申请报告，说明企业的实际情况，以求减少企业的税费。下面是××公司减税、免税申请报告的样例，仅供读者参考。

范本

××公司减税、免税申请报告

××税务局：

我公司，成立于＿＿＿年＿＿＿月＿＿＿日，并于＿＿＿年＿＿＿月＿＿＿日办理了税务登记。税务登记证号：×××××××××，公司类型：××，注册地址：××，注册资本额：××，经营范围：××，经营方式：××，主管部门：××，现有人数：××，固定资产总值：××。

我公司设有固定的经营场所，拥有货物实物、完善的管理和核算体系。公司的财务人员具有丰富的财务知识以及高度的责任心，公司账本、账目设置齐全，能够准确地进行会计核算。

现根据《财政部、国家税务总局关于××优惠政策的通知》（财税字××号）的第×条第×项：（具体内容），特申请本公司减或免征××税，××（多长时间）。

特此申请

申请单位：××公司

申请日期：＿＿＿年＿＿＿月＿＿＿日

3.税率差异技术

不同税种的税率大多存在一定的差异，即使是同一税种，适用税率也会因税基分布或区域不同而有所差异。

一般情况下，税率低，应纳税额就少，税后利润就多。税率差异技术包括两个方面：一是比例税率筹划，即筹划分析不同征税对象适用的不同税率政策；二是累进税率筹划，主要是寻找税负临界点，防止税率攀升。

通过税率差异进行税收筹划，财务经理首先要对税制中各个税种的税率差异有详细的了解。我国税法对很多税种都规定了不同情况的适用税率，每个税种都能自成体系。通常来说，通过税率差异进行税收筹划如表2-7所示。

表2-7　通过税率差异进行税收筹划

序号	内容	详细说明
1	价格转移税收筹划技术	这主要是针对一些大型集团公司，特别是跨国公司，其可利用关联企业之间的业务往来使集团适用较低税率，以达到整个集团利益的最大化。具体可通过货物、劳务、资金、资产及管理费用的转让定价来实现利润在各个关联方之间的转移，使集团整体适用低税率
2	投资低税率行业	企业可以对所经营业务进行选择，充分利用《中华人民共和国税法》对某些行业的税收优惠政策，以达到降低税率的目标，同时也符合国家的政策导向
3	投资低税率地区	不同国家和地区往往有不同的税率，同一国家的不同区域也有不同的税率。企业在设立地点的选择上应该充分考虑这些税率差异，使企业尽可能地适用低税率，以减轻税负

4.分割技术

分割技术是指在法律允许的范围内，使所得财产在两个或多个企业之间进行分割从而直接节减税的技术。这种技术对于超额累进税率的税种尤为重要，因为对于超额累进税率而言，税基越大，适用的税率层次越高，税率越大，税收负担就越重。因此，适时进行对象分割，有利于减少绝对税款额。

5.扣除技术

扣除技术是指在法律允许的范围内，使扣除额、宽免额、冲抵额等尽量增加而直接节减税或调整各个计税期的扣除额而相对节税的技术。如企业可以增加费用扣除额，那么就能减少企业所得税。

扣除技术适用范围广，无论是自然人还是企业都可以使用，但是税法中对扣除、宽免、冲抵等的规定非常复杂，因此，扣除技术往往需要财务经理精通税法。

6.抵免技术

抵免技术是指在法律允许的范围内，使税收抵免额增加从而绝对节税的技术，例如境外所得已纳税款的抵免、研究开发费用等鼓励性抵免。

抵免税项包括增值税进项税额和出口完税的抵免；境外所得已纳税以及税收缴让的抵免；外购或委托加工收回的已纳税用于连续生产的消费品的消费税抵免。企业应该根据自身情况，紧密结合税法对税收抵免的规定，以实现减轻税负的目的。

对应纳税额的筹划往往涉及较烦琐的法律规定，财务经理在进行筹划时必须对税法有完整、详细的了解。

7.递延纳税技术

递延纳税可以获取资金的时间价值，降低企业财务风险。纳税环节、抵扣环节、纳税时间、纳税地点是递延纳税技术的关键。

企业可以通过合同控制、交易控制及流程控制推迟纳税时间，也可以合理安排准予扣除项目及进项税额抵扣时间，所得税预缴、汇算清缴的时间及额度，合理推迟纳税时间。

8.退税技术

退税技术是指在法律允许的范围内，使税务机关退还企业已纳税款从而直接节税的技术。例如，在我国，外商投资企业的外国投资者，将从企业分得的税后利润直接再投资于该企业以增加注册资本，或作为资本投资开办其他外商投资企业，经营期不少于五年的，经投资者申请，税务机关批准后可退还其再投资部分已纳所得税的40%税款。

 相关链接

税收政策特定条款

纳税筹划很重要的一点是，利用税收政策的特定条款来实现减轻税负的目的。企业可以寻找税制设计或税收政策中的特定税收条款，并加以充分利用。这些特定条款主要包括三类，具体如下表所示。

税收政策的特定条款

序号	条款类别	说明
1	鼓励性条款	国家为了鼓励或支持某个行业的发展，经常制定鼓励性条款，并做出免税或减税决定，也就是通常所说的税收优惠。例如，税法规定，对新办的独立核算的从事咨询（包括科技、法律、会计、审计、税务等咨询机构）、信息、技术服务的企业或经营单位，自开业之日起，免征所得税一年
2	选择性条款	税制设计和税收政策中规定了不同的纳税处理模式（诸如合并、分立中的选择性财务处理政策，纳税主体适用增值税的范围划分，小规模企业与一般企业的选择），如果对一种纳税主体规定了二选一的纳税方法，企业就可以通过测算，选择一种纳税成本较低的处理模式
3	缺陷性条款	缺陷性条款指税制不完善形成的、自身规定矛盾或存在较大不确定性的、在执行上存在较大弹性空间的条款。企业可以主动规范和界定自己的行为，利用缺陷性条款降低税负。缺陷性条款多表现在起征点、定额税、转让定价及税收管辖权等方面

五、纳税筹划的常见方式

纳税筹划的常见方式如表2-8所示。

表2-8　纳税筹划的常见方式

序号	方式	内容
1	企业自行筹划	由财务人员进行筹划
2	企业委托中介机构进行筹划	委托中介机构进行纳税筹划是多数企业的主要选择。目前我国从事纳税筹划业务的中介机构主要是税务事务所和会计师事务所
3	企业聘请税收顾问进行筹划	一般的大企业尤其是跨国公司，都聘请税务行政部门退休人员、高校和税务研究机构的专家等进行纳税筹划

六、纳税筹划方案制定与执行

1.制定纳税筹划草案

制定纳税筹划草案的步骤如图2-7所示。

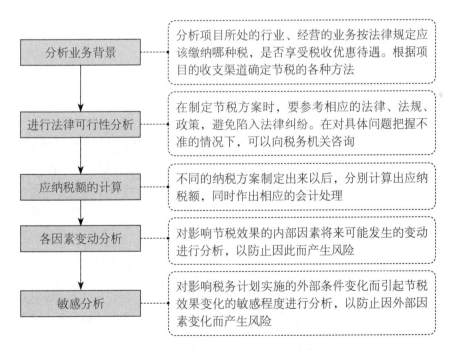

图2-7　制定纳税筹划草案的步骤

2.纳税筹划方案的选择和实施

根据具体情况，可能会有几个方案可供选择，各个方案又各有优劣，财务经理应当根据决策层的偏好进行选择。

（1）选择短期内减少税负更多的或在比较长的一个时间段内股东可得到更大财务利益的纳税筹划方案。

（2）选择成本更低或者成本可能稍高而节税效果更好的方案。

（3）选择实施起来更方便或技术较复杂但风险较小的方案。

3.控制纳税筹划方案的运行

税务计划实施后，财务经理应当跟踪纳税方案的执行情况，以确保纳税筹划方案得以贯彻执行。当经营中出现新的变化时，财务经理应当考虑是否需要改变纳税筹划方案。

第五节　税务风险识别与控制

一、税务风险现状与成因分析

税务风险现状与成因分析，具体如图2-8所示。

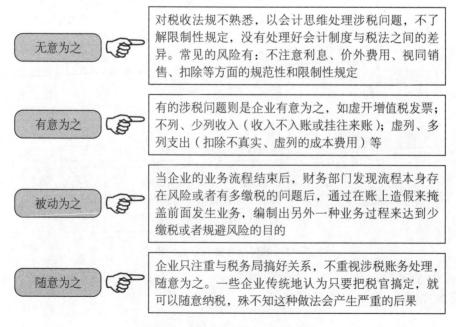

图2-8　税务风险现状与成因分析

二、风险识别和评估

1.风险识别和评估管理要求

企业税务管理部门应当全面、系统、持续地收集内部和外部相关信息，并结合实际情况，通过风险识别、风险分析、风险评价等步骤，查找企业经营活动及业务流程中的税务风险，分析和描述风险发生的可能性和条件，评价风险对企业实现税务管理目标的影响程度，从而确定风险管理的优先顺序和策略。

（1）识别税务风险因素

企业应当结合自身的税务风险管理机制和实际经营情况，重点识别下列税务风险因素，包含但不限于：

① 企业组织机构、经营方式和业务流程。

② 涉税员工的职业操守和专业胜任能力。

③ 税务管理内部控制制度的设计和执行。

④ 经济形势、产业政策、市场竞争及行业惯例。

⑤ 法律法规和监管要求。

⑥ 其他有关风险因素。

（2）定期进行税务风险评估

企业应当定期进行税务风险评估。税务风险评估由企业财务部门协同相关职能部门实施，也可由企业聘请的具有相关资质和专业能力的中介机构协助实施。

（3）对税务风险实行动态管理

企业应当对税务风险实行动态管理，及时识别和评估原有风险的变化情况以及新产生的税务风险。

2.税务风险评估方法

财务经理可以运用数据信息对比分析法，对企业履行纳税义务的真实性、准确性、合法性进行综合分析，作出定性判断；也可以运用指标（比较）分析法，对企业财务报表所载数据的内在关联性、趋势性和结构性进行对比分析，设计出能判断涉税异常情况的纳税评估指标和参数值，然后根据指标测算结果分析判断涉税的性质。

纳税评估的指标主要包括综合指标、分税种指标、行业指标三种。其中，综合指标包括收入类评估分析指标、成本类评估分析指标、费用类评估分析指标、资产类评估分析指标。

3.收入类项目税务风险的识别和诊断程序

收入类项目税务风险识别和诊断程序如下。

（1）编制收入分析表，列示出产品或服务类型，区域或部门，境内或境外，自销、代销或受托加工。

（2）将收入分析表与总账和明细账及有关的申报表核对。

（3）对合同订单及生产经营情况进行系统分析，初步审阅收入分析表的准确性和完整性，并评价增值税、消费税等税目的准确性。

（4）采用分析复核法，分析业务收入的变动趋势。

（5）将收入账与银行存款、应收账款进行总额核对，确认收入总体的合理性。

（6）确认业务收入会计处理的准确性。可以抽样审阅销售业务，进行从原始凭证到记账凭证、销售、应收账款、现金、银行存款、应收票据、存货等明细账的全过程的审阅，核实其记录、过账、加总是否正确。

① 购销双方有无以货易货，相互不开票。

② 有无将主营收入转入"其他往来"账户长期挂账。

③ 有无将销售边角废料的收入直接冲减"原材料"账户。

④ 运费收入有无直接冲减"管理费用"账户。

⑤ 企业专项工程、福利项目使用本企业产品时，有无直接冲减"产成品"账户。

⑥ 有无在收取现金后不入账（对外零售材料、产品、残次品边角料、废料等）。

⑦ 内部销售（出售给职工）产品有无直接冲减"制造费用"账户。

（7）审阅收入的确认时间是否正确。

（8）确认收入计价的合理性。审阅是否存在价格明显偏低而无正当理由的情况；审阅价格浮动（促销）政策是否合理。

（9）确认销售退回、折扣与折让处理的正确性。

（10）进行截止性测试。

4.成本类项目税务风险的识别和诊断程序

（1）评价内部控制制度是否有效且被一贯遵守。

（2）审阅产品销售成本的计算方法是否符合税法规定，并前后一致。

（3）编制销售成本与销售收入对比分析表，并与有关明细账进行核对。

（4）分析各月销售成本与销售收入的比例及趋势是否合理，如有不正常的波动，则查明原因，作出正确处理。

（5）根据产品销售成本与生产成本、产成品的钩稽关系验算销售成本的准确性，钩稽关系公式如下。

生产成本＋在产品年初余额－在产品年末余额＋产成品年初余额－产成品年末余额＝产品销售成本

（6）审阅销售成本明细账，复核列入销售成本的产品品种、规格、数量与销售收入的口径是否一致，是否符合配比原则。

（7）选取年末前两个月的销售成本事项进行截止性测试，审阅是否存在人为操纵期间成本的情况。

（8）审阅销货成本账户中的重大调整事项（如销售退回、委托代销商品）是否适当。

（9）审阅存货、收入项目，确认销货退回是否相应冲减了销售成本。

（10）审阅在享受税收优惠政策时，是否将销售成本转入已进入纳税期的关联企业的销售成本。

5.税前扣除类项目的诊断程序

税前扣除类项目诊断程序的具体内容如表2-9所示。

表2-9　税前扣除类项目诊断程序的具体内容

检查项目	具体内容
税前列支的 合法性、真实性	（1）检查所附的原始凭据是否真实合法，有无白条入账，有无假发票或印章不符的发票 （2）有无将未真实发生的费用、与经营无关的费用在税前列支，有无将总机构发生的贷款利息在分支机构列支、将其他关联企业的费用在本企业费用中列支
税前列支是否超标	（1）检查工资总额的准确性 （2）检查福利费、工会经费、广告/业务宣传费、招待费是否超出规定标准 （3）有无故意混淆会计科目的情况，如将应在工资、福利费及工会经费中列支的费用列入其他费用科目；将应在业务招待费中列支的餐费、礼品等招待性费用列入"生产/劳务成本"及其他成本费用科目
资产折旧摊销	（1）是否将应作为固定资产管理的设备一次性列入成本费用，固定资产的折旧方法、折旧年限、残值率的是否得当 （2）自创或购买的商标等无形资产是否按规定的期限摊销 （3）固定资产的改建或大修支出是否按规定列入资产原值或进行摊销处理
违规支出	（1）资本性支出 （2）无形资产受让、开发支出 （3）违法经营的罚款和财物被没收的损失，各种税收滞纳金、罚金和罚款 （4）自然灾害或者意外事故的赔偿部分

续表

检查项目	具体内容
违规支出	（5）不符合规定的捐赠及各种赞助支出 （6）为与经营无关的事项提供的担保支出 （7）未经税务审批的资产损失支出 （8）与取得收入无关的其他各项支出 （9）超出规定的利息支出 （10）老板、股东的个人消费性支出

三、税务风险控制的内容

税务风险控制的内容包括图2-9所示的四个方面。

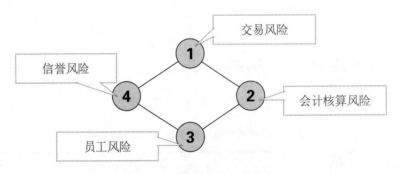

图2-9　税务风险控制的内容

1.交易风险

企业各种交易行为和交易模式因自身特点，可能会影响纳税准确性，从而导致未来的税务处罚，主要包括图2-10所示的三个因素。

 重要交易的过程没有企业税务部门的参与，并缺乏适当的程序去评估和监控交易过程中的纳税影响

 企业在对外并购的过程中，未对并购对象的纳税情况进行充分调查，等并购完成后才发现并购对象存在以前年度大额偷税问题，因而不得不额外补税和缴纳罚款

 企业在采购原材料的过程中，由于未能对供货方的纳税人资格进行有效管控，导致无法取得发票或取得虚开的增值税发票，因而不得不额外承担不能抵扣进项税额和增加原材料成本的风险

图2-10　交易风险因素

2.会计核算风险

企业因未能准确核算应纳税款而导致未来的税务处罚，主要表现在以下两个方面。

（1）未能准确处理会计核算规定和税收法规之间的差异。

（2）会计核算系统提供了不真实的数据和信息。

3.员工风险

企业因人为原因而导致未来的利益损失，例如，税务岗位员工的频繁变动、员工丰富的工作经验未能被书面留存、企业缺乏定期的员工技能培训制度、企业缺乏有效的员工奖惩机制。员工风险应该是所有纳税风险的根本，是最难控制和管理的。

4.信誉风险

信誉风险对企业的影响是深远的，无法计量的。企业因税务违规行为而对自身信誉造成影响，从而导致未来利益损失，例如，企业因欠税被税务机关公告，因偷税问题被媒体曝光，从而引发政府部门的不信任、合作伙伴的撤退、公众的指责。

四、税务风险应对策略

企业应当根据税务风险的评估结果，综合考虑风险管理的成本和效益，制定税务风险应对策略，建立有效的内部控制机制，合理设计税务管理的流程及控制方法，全面控制税务风险，具体如图2-11所示。

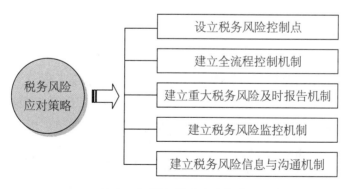

图2-11　税务风险应对策略

1.设立税务风险控制点

财务经理应当按照风险产生的原因和条件，从组织机构、职权分配、业务流程、信息沟通和监督检查等多方面设立税务风险控制点，根据风险的不同特征采取相应的人工控制机制或自动化控制机制，根据风险发生的规律和重大程度建立预防性控制和发现性控制机制。

2.建立全流程控制机制

企业应当针对重大税务风险所涉及的管理职责和业务流程，制定覆盖各个环节的全流程控制措施；对其他风险所涉及的业务流程，合理设置关键控制环节，采取相应的控制措施。

3.建立重大税务风险及时报告机制

对于因内部组织架构、经营模式或外部环境发生的重大变化，以及受行业惯例和监管的约束而产生的重大税务风险，企业可以及时向主管税务机关报告，以寻求主管税务机关的辅导和帮助。

4.建立税务风险监控机制

企业应当对发生频率较高的税务风险建立监控机制，评估累计影响，并采取相应的应对措施。

5.建立税务风险信息与沟通机制

企业应当建立税务风险管理的信息与沟通机制，具体要求如下。

（1）明确税务相关信息的收集、处理和传递程序，确保企业内部顺畅及时地传递税务信息，发现问题及时报告并采取应对措施。

（2）企业应当与主管税务机关和其他相关单位保持有效的沟通，建立和完善税法的收集和更新系统，及时汇编企业适用的税法并定期更新。

（3）企业应当根据业务特点和成本效益原则，将信息技术应用于税务风险管理的各项工作，建立涵盖风险管理基本流程和内部控制各环节的风险管理信息系统。

（4）企业税务风险管理信息系统数据的记录、收集、处理、传递和保存应当符合税法和税务风险控制的要求。

五、税务风险的防范

1.加强涉税环节的事前控制

财务经理负责对企业各项经济活动现有或潜在的纳税环节进行分析、预测和筹划。涉税业务是企业经营管理中的重要组成部分，财务部门应与各业务承办部门加强沟通与交流，在发票管理、合同管理、投资管理、薪酬福利管理等方面提出合理的纳税方案，根据国家有关税收法规、政策进行事前控制，规范纳税业务，依法节税，堵塞涉税管理漏洞，降低经营成本，提高财务管理水平。

财务经理、主管会计及税务管理人员，要通过自学或外出培训学习等方式，不断增加税务知识、掌握税收政策、进行税务研究，以降低企业税负，合理合法纳税。

2.加强与税务部门沟通

目前，我国税收法律法规不够健全，税收体系不够完善，有些税务问题在概念的界定上很模糊。在企业进行税务管理时，税务管理人员很难准确把握确切的界限，而且各地具体的税收征管方式有所不同，税收执法部门拥有较大的自由裁量权，因此，税务机关在企业税务管理中的作用就显得尤为重要。财务经理通过加强与税务部门的联系，进行积极的沟通，可以了解税务机关内部的运作和职能分工，以及当地税务征管的特点和具体要求，及时、透彻地领悟税收政策的含义，更好地指导企业日常的税务活动。企业在遇到问题时，可以"在正确的时间通过正确的程序找到正确的人"；同时，可以使税务机关详细了解企业的状况，实现企业与税务机关的"双赢"。

3.利用社会中介机构，提高税务管理水平

目前，社会中介机构如税务师事务所、会计师事务所等日趋成熟，企业可以聘请这些机构的专业人员进行税务代理或咨询，以提高自身的税务管理水平。同时，企业要与税务部门保持良好的关系，争取得到税务部门在税法执行方面的指导和帮助，以便充分享受有关税收优惠。

第三章

内部审计

内部审计是在企业内部建立的一种独立评价机制。通过内部审计，可以评价企业内控制度是否健全、有效，达到查错防弊，改进管理，提高经济效益的目的；还可以帮助企业领导层有效履行职责，规范企业运作，降低运营风险，完成企业经营目标。

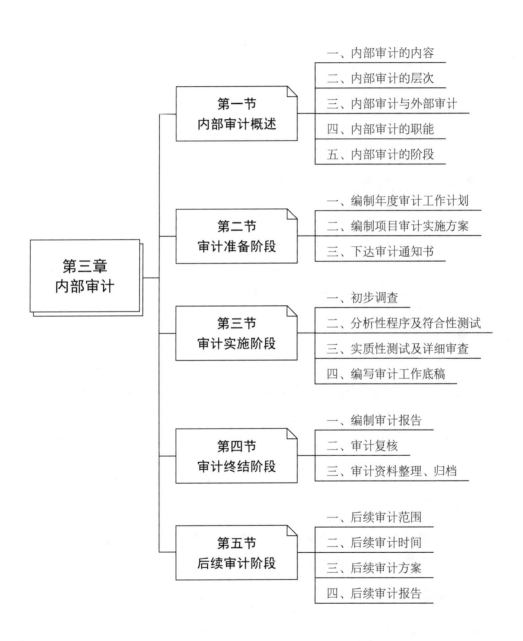

第三章
内部审计

第一节
内部审计概述
　一、内部审计的内容
　二、内部审计的层次
　三、内部审计与外部审计
　四、内部审计的职能
　五、内部审计的阶段

第二节
审计准备阶段
　一、编制年度审计工作计划
　二、编制项目审计实施方案
　三、下达审计通知书

第三节
审计实施阶段
　一、初步调查
　二、分析性程序及符合性测试
　三、实质性测试及详细审查
　四、编写审计工作底稿

第四节
审计终结阶段
　一、编制审计报告
　二、审计复核
　三、审计资料整理、归档

第五节
后续审计阶段
　一、后续审计范围
　二、后续审计时间
　三、后续审计方案
　四、后续审计报告

第一节　内部审计概述

内部审计是"外部审计"的对称，是企业内部专职审计人员进行的审计，其目的在于帮助企业管理人员实现最有效的管理。内部审计与外部审计互相配合并互为补充，是现代审计的一大特色。

内部审计是建立于企业内部、服务于管理部门的一种独立的检查、监督和评价活动，它既可对内部控制制度的适当性和有效性进行检查、监督和评价；又可对会计及相关信息的真实性、合法性、完整性，资产的安全性、完整性，企业自身的经营业绩和经营的合规性进行检查、监督和评价。

一、内部审计的内容

1. 财务审计

财务审计是对企业资产、负债、损益的真实性、合法性、效益性进行审计监督，并对企业会计报表所反映的会计信息作出客观、公正的评价，其目的是揭露和反映企业资产、负债和盈亏的真实情况，发现并采取措施化解企业财务收支中各种违法违规问题。

开展一般性财务审计的主体大都是比较大型的成规模的企业。因为这样的企业，资金往来款项众多，部门众多，员工人数众多，顶层的管理者不可能面面俱到地盯紧每一级管理层，或者说股东不可能时时刻刻了解管理层，所以有时，顶层管理者或股东需要借用"财务审计"来审查是否有人从企业财产中中饱私囊，确认财务收支以及其他经济活动是否真实、合法、有效。

2. 经营审计

经营审计是指对企业生产经营活动全过程的合理性、生产要素的开发利用情况及其效果进行审查，其目的是帮助企业挖掘人、财、物的潜力，改善经营工作。

3. 管理审计

管理审计是在财务审计的基础上发展而来的新的审计类型，其中心任务是审查管理信息，包括管理过程审计和管理部门审计，如图3-1所示。

管理过程审计

管理过程审计是指以计划、组织、决策和控制等管理职能作为审计对象的一种审计。它通过对各种管理职能的健全性和有效性进行评估，考察企业内部各层次管理水平的高低以及管理活动的经济性、效率性，并针对管理控制活动中存在的问题，提出相应的改进建议和意见

管理部门审计

管理部门审计是指以企业的各管理部门作为基本对象，通过对企业各管理部门的职责履行情况以及管理人员的素质进行审查，以促进企业改进管理业绩、提高经济效益的一种审计活动

图3-1　管理审计的内容

4.风险管理

风险管理是企业识别、衡量和分析潜在的事故或损失，并对其进行有效控制，用最经济合理的方法应对风险，以实现效益最大化的过程。

二、内部审计的层次

内部审计可分三个层次，如图3-2所示。

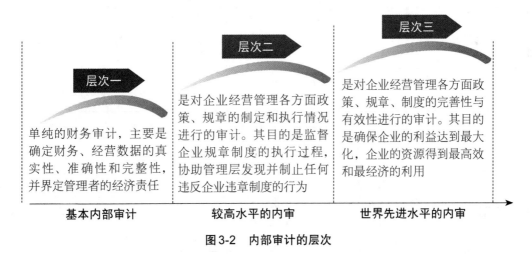

层次一

单纯的财务审计，主要是确定财务、经营数据的真实性、准确性和完整性，并界定管理者的经济责任

层次二

是对企业经营管理各方面政策、规章的制定和执行情况进行的审计。其目的是监督企业规章制度的执行过程，协助管理层发现并制止任何违反企业违章制度的行为

层次三

是对企业经营管理各方面政策、规章、制度的完善性与有效性进行的审计。其目的是确保企业的利益达到最大化，企业的资源得到最高效和最经济的利用

基本内部审计　　　　较高水平的内审　　　　世界先进水平的内审

图3-2　内部审计的层次

三、内部审计与外部审计

外部审计通常是指由独立于企业的审计机构如专门企业的会计师事务所进行的审计，与内部审计相比，外部审计具有独立性，不受企业内部各部门的限制，审计结果更加客观真实。内部审计是企业内部审计部门根据工作进程对企业项目进行的审计。

外部审计是外部审计机构接受被审计单位委托进行的审计，被审计单位提出审计任务，外部审计机构才进行审计。

1.内部审计和外部审计的联系

内部审计和外部审计的总体目标是一致的，两者均是审计监督体系的有机组成部分。内部审计具有预防性、经常性和针对性，是外部审计的基础，对外部审计能起辅助和补充作用；而外部审计对内部审计又能起到支持和指导作用。由于内部审计机构和外部审计机构所处的地位不同，它们在独立性、强制性、权威性和公正性方面又有较大的差别。

2.内部审计和外部审计的区别

内部审计和外部审计的区别如表3-1所示。

表3-1　内部审计和外部审计的区别

区别点	内部审计	外部审计
在审计性质上	内部审计是内部审计机构或专职审计人员开展的内部审计监督，只对本企业负责	外部审计是由独立的外部机构以第三者的身份提供的鉴证活动，对国家权力部门或社会公众负责
在审计独立性上	内部审计在组织、实施、成本等方面都受本企业的制约，独立性受到限制	外部审计在成本、组织、实施等方面都与被审计单位无关，具有较强的独立性
在审计方式上	内部审计是根据本企业的安排进行的，具有一定的任意性	外部审计大多是接受委托进行的
在工作范围上	内部审计涵盖企业管理流程的所有方面，包括风险管理、控制和治理过程等	外部审计则集中在企业财务报告及与财务报告相关的内部控制方面
在审计方法上	内部审计的方法是多样的，企业应根据自身的具体情况，采取各种不同的方法，其中也可以包括外审的一些程序	外部审计的方法则侧重报表审计程序
在服务对象上	内部审计的服务对象是本企业负责人	外部审计的服务对象是国家权力机关或各相关利益方
在审计报告的作用上	内部审计报告只能作为本企业经营管理的参考，对外不起鉴证作用，不能向外界公开	国家审计除涉及商业秘密或其他不宜公开的内容外，审计结果要对外公示；社会审计报告则要向外界公开，对投资者、债权人及社会公众负责，具有社会鉴证的作用

区别点	内部审计	外部审计
在审计对象上	内部审计的对象是本企业及所属单位财政收支、财务收支、经济活动	国家审计以各级政府、事业单位及大型骨干企业的财政、财务收支及资金运作情况为主；社会审计对象则包括一切盈利及非营利单位
在审计权限上	内部审计有审查处理权，但其内向服务性决定了其强制性和独立性较国家审计弱，其审查结论也没有社会审计的权威性高	国家审计代表国家利益，对被审计单位的违法违纪问题既有审查权，也有处理权；社会审计只能对委托人指定的有关经济活动进行审查、鉴证
在审计监督的性质上	内部审计是企业的自我监督	国家审计属于行政监督，具有强制性；社会审计属于社会监督，国家法律只能规定哪些企业必须由社会审计组织查账验证，而被审计企业与社会审计组织之间则是双向自愿选择的关系
在依据的审计准则上	内部审计依据的是中国内部审计协会制定的内部审计准则	国家审计依据的是审计署制定的国家审计准则；社会审计依据的是中国注册会计师协会制定的独立审计准则

四、内部审计的职能

内部审计的职能是指内部审计本身所固有的内在功能，能反映出内部审计的本质。内部审计的职能随着审计目标的变化而变化，并为实现审计目标服务。内部审计职能的详情如表3-2所示。

表3-2 内部审计的职能

序号	职能	说明
1	进行价值管理	内部审计人员从经济（最低的成本）、效率（资源的最好利用）、效果（最佳的结果）三方面关注企业的资源使用情况
2	对企业信息系统进行审计	通过内部审计，判定企业信息系统是否为报表编制提供可靠的信息，企业是否有有效的内控制度来降低错报、漏报的风险
3	开展项目审计	内部审计对具体的特定项目进行审计，例如建立的新信息系统、开设的新生产加工区等。内部审计负责鉴定项目的目标是否能实现、项目是否按计划有效地运行，并从项目的失败教训中总结经验等
4	进行内部财务审计	这是内部审计部门传统上的工作，如例行性检查财务报表编制所需的财务记录与支持文件，以减少错误与舞弊事件的发生；对财务数据进行趋势分析等
5	开展经营审计	内部审计部门可以对采购、市场营销、人力资源等部门开展经营审计，检查与复核内部控制的有效性，提出可以进一步提高业绩与改善管理的建议与对策等

五、内部审计的阶段

内部审计阶段指内部审计工作从开始到结束的整个过程，一共有四个阶段，如表3-3所示。

表3-3　内部审计的阶段

内部审计阶段	主要审计步骤	涉及的审计文档
审计准备阶段	编制年度审计计划、审计方案，制发审计通知书	审计计划、与审计项目有关的资料、审前调查的相关文档、审计通知书
审计实施阶段	进一步了解被审计项目的情况，审查和评价业务活动、内部控制和风险管理的适当性和有效性，编制审计工作底稿	相关的经济信息资料、内部控制制度、内部控制测试、与评估相关的工作底稿、内部控制问卷调查表、相关的审计证据、审计工作底稿、审计报告、审计报告征求意见书、被审计部门的反馈意见、沟通记录等
审计终结阶段	编写并出具审计报告，进行审计复合，整理审计资料和建立审计档案等	审计过程中形成的所有审计文书
后续审计阶段	检查被审计单位对审计发现的问题所采取的纠正措施及其效果	后续审计方案、后续审计报告等

第二节　审计准备阶段

内部审计人员在了解审计事项后，就需要开展审计准备工作了，审计准备工作包括以下内容。

一、编制年度审计工作计划

企业的内部审计部门应在年初根据董事会的要求和企业的具体情况，确定审计重点，编制年度审计工作计划。年度审计工作计划经副总经理、运营总监审核后方可执行。

年度审计工作计划是对年度要完成的审计任务所做的工作安排，是企业年度工作计划的重要组成部分。

1.制订审计计划的必要性

审计计划可以帮助企业对下一阶段的工作有一个整体性、全局性的把控。审计计划的内容包括审计对象、范围、时间安排、人员分配、预算制定等，编制审计计划对一些审计项目众多或者审计资源有限的企业来说尤为重要。

2.审计计划的编制时间

企业应该在当年年底至次年年初确定下一年度的审计计划；当然，在实际工作中，因为一些突发事件的影响，可能还需要编制季度或者月度审计计划。

3.审计计划需不需要审批

当然需要审批，审批的目的主要有：

（1）提高工作的便利性。通过审批，审计计划有了权威性，审批层级越高，后续工作的开展越便利。

（2）让领导知道审计部门在做什么，同时，如果审计计划有与领导需求不符的地方，也可以及时调整。

（3）保护自己。审批流程在一定程度上可以保护审计人员。

4.审计计划的要素

审计计划有图3-3所示的七个要素。

图3-3　审计计划七要素

（1）审计对象

审计对象就是指要审计谁。一般的审计对象是分公司或者某个部门；在选择审计对象的过程中，要客观公正，用可以量化的方式进行评估，把好钢用在刀刃上。

（2）审计期间

审计期间通常不要短于一年。期间过短，审计对象的业务量太少，尤其是当审计对象的业务有明显的淡旺季差别时，审计效果会大打折扣。期间过长，会影响审计的时效性；因为审计本身就是一种事后审计，具有一定的滞后性，如果审计期间太长，可能会导致企业管理中存在的问题无法得到及时纠正。

（3）审计范围

审计范围就是要审计什么。一般需要通过企业的主要业务、历史财务数据、上级的特别指示、以前的审计资料等初步确定审计范围。确定审计对象和范围的方法，如图3-4所示。

明确可供选择的项目有哪些

确定审计对象和范围，有时候就像做选择题，审计人员首先需清楚有多少个选项

例如，企业的下属公司、公司的类型、基本的业务情况、经营情况等

将老板和上级的需求排在第一位

从某种意义上来说，老板和上级是审计人员的服务对象，是审计人员的客户；而且他们对企业内外部风险、企业经营情况的熟悉程度往往远高于一般的审计人员，所以在制定计划前，审计人员一定要多咨询老板和上级的意见

有效利用历史数据

对历史数据进行汇总、收集、分析，有助于制定审计方案

图3-4 确定审计对象和范围的方法

（4）量化要素

收集好信息之后，审计人员需要定义标准，把审计标准进行量化，使审计工作有的放矢。表3-4是一些量化要素，仅供参考。

表3-4 量化要素

序号	要素	说明
1	基本财务指标	任何一个企业在确定审计对象和范围时，一定会考虑基本财务指标；注意尽量避免使用单一指标，要多指标组合使用
2	距离总部的距离	一般情况下，距离总部越远，越难管理。在实际工作中，某些区域或者城市，距离总部远，其管理者自律能力差，再加上本身的执行力不够，往往会忽视总部的一些内控规定；当然，有时候也会因为总部信息传递失效，导致一些政策无法有效地传达下去。通常对距离总部远的地方，设定较高的审计风险值
3	区域经理的任期	一般来说，区域经理的任期越长，越容易形成利益集团，这时，员工对一些违规的事项会选择无视，如果再缺少相应的监督制约，那么该区域的违规风险是很大的
4	管理者是否"有前科"	一般来说，管理者过去犯的错越多，未来存在风险的可能性也会越大

续表

序号	要素	说明
5	审计间隔	一般来说，审计的间隔时间越长，风险越高
6	业务发展的阶段	对某些发展阶段的业务，可以不用单独审计。比如，可以把业务分为筹备期、启动期、发展期、成熟期，一般来说，不会将筹备期纳入审计范围

（5）审计时间

审计时间即什么时间审计、审计多长时间。常规审计时，要尽量避开审计对象的特殊时间，比如月底业绩冲刺、工商税务检查、月末结账等，如果选择了这些时间，审计对象可能因为工作繁忙，无法提供充分的配合，这样就会影响审计的效率。

（6）人员安排

人多了，浪费资源；人少了，影响效率；人员专业不对口，发挥不了作用，所以人员安排也是要很谨慎的。

（7）费用预算

费用预算就是预计花多少钱，通常包括差旅费（交通、住宿）以及审计人员的奖金津贴。

5.年度审计工作计划的内容

年度审计工作计划应当包括下列基本内容。

（1）年度审计工作目标。

（2）具体审计项目及实施时间。

（3）各审计项目需要的审计资源。

（4）后续审计安排。

范本

××公司年度审计计划

一、导言

审计部已编制完成××公司××年度审计计划（以下简称"审计计划"），审计计划是按照××公司内部审计章程（草）及国际内部审计师协会颁布的《内部审计实务标准》而制定的。审计部以风险为基础，采用了风险评估、研讨会等方式，确定了本年度内部审计工作目标和审计工作重点。除常规性的审计任务外，审计部将公司采购环节作为本年度的重点审计项目，同时也会对员工反映的重点问题进行审计。

审计计划是在广泛征求意见的基础上，充分考虑了被审计单位和部门的意见和建议以及公司的实际情况后确定的。

由于所属单位和部门的差异较大，被评估的高风险领域不同，我们在选择审计项目时充分考虑了差异性。

审计计划中的审计项目将在目前已有审计资源的基础上完成，包括一名审计副总、一名审计经理，三名审计人员。

此外，审计项目基于目前的风险评估，将受到未来风险评估变化的影响。

二、××年度内部审计工作目标

审计部将紧紧围绕公司生产经营和管理工作，按照董事会确定的年度工作总体思路和主要经营目标，为董事会和管理部门提供客观的审计和检查服务，并以内部审计部门的宗旨为使命，积极履行服务与监督职能。

审计部的宗旨是，协助董事会建立良好的公司治理机制，并对公司各级管理部门有效履行职责提供审计意见和建议。

审计部××年度的发展目标为，重点培养审计业务骨干，强化审计部的监督与服务职能，扩大审计部的服务范围，并通过内部培训提高审计人员的计算机操作水平和业务分析能力，同时注重改进审计方法和审计技巧。

三、××年度审计项目说明

根据各单位、各部门的实际情况，确定如下审计项目。

（一）对上年度财务报告，本年季度报、半年报财务信息进行内部审计

审计级次：一级（重点项目）。

审计安排：全年。

审计目标：上年年报，本年季度报、半年报财务信息合法性、合规性、真实性和完整性的内部审计。

审计内容：财务报表是否遵守《企业会计准则》及相关规定；会计政策与会计估计是否合理，是否发生变更，是否存在重大异常事项，是否满足持续经营假设，与财务报告相关的内部控制是否存在重大缺陷或重大风险，各项财务信息是否准确完整。

（二）采购环节项目审计

审计级次：一级（年度重点项目）。

审计安排：优先。

审计目标：检查采购部门的运作和内部控制系统是否遵守规定的政策、程序、标准及其他内部控制制度，并评价控制的适当性和效果。

审计内容：

（1）对于重要原料和物品的采购，确定采购部门是否从多个符合条件的供应商那里取得详细的报价单，并从公司批准的供应商处订货；评价供应商的信誉情况、所提供产品的质量和价格以及能否及时供货。

（2）确定公司采购主管和职员与公司批准的供应商之间是否存在潜在利益关系。

（3）是否制订采购计划并报授权的主管审批，是否提交了书面订单。

（4）是否由独立于采购部门和会计部门的人员对收货数量进行审核。

（5）是否由独立于采购部门的人员对所收到原料和货物的质量进行审核。

（6）原材料出入库记录是否完整。

（7）对购入原材料和货物而发生的应付账款的记录是否进行良好的控制。

审计程序：

（1）向采购部经理和采购人员询问，并发放相关调查问卷。

（2）根据公司有关的采购政策和程序手册，编制采购审批授权流程图。

（3）抽查有关的购货文件和记录。

（4）对所有可获取的购货文件记录的审批授权情况进行检查。

（三）募集资金的使用和保管

审计级次：一级（年度重点项目）。

审计安排：每季度一次。

审计目标：检查是否按《××市××科技股份有限公司募集资金管理办法》对募集资金进行管理和使用，审批控制手续是否完备，账务记录是否准确完整。

审计内容：

（1）检查募集资金三方监管协议是否有效执行，支付款审批权限是否符合公司规定。

（2）是否存在未履行审议程序而擅自变更募集资金用途、暂时补充流动资金、置换预先投入、改变实施地点等情形。

（3）募集资金的使用与已披露情况是否一致，项目进度、投资效益与招股说明书是否相符。

（4）监督用募集资金购买大额固定资产是否签订合同，合同履行是否正常，合同审批权限是否符合授权规定。

（四）固定资产审计

审计级次：一级（年度重点项目）。

审计安排：每半年一次。

审计目标：检查固定资产内部控制管理制度是否有效运行；固定资产的购置是否符合授权审批的规定，入账手续是否齐全，计价是否符合会计准则和会计政策要求；检查半年度、年度固定资产的盘点情况。

审计内容：

（1）固定资产的购置、合同的签订是否经过授权审批，固定资产入账是否准确及时，核算和折旧、减值准备的计提等是否符合公司财务制度的要求。

（2）固定资产购买合同是否得到有效执行，每年度抽查合同××份以上。

（3）固定资产的保管、使用、管理、维护、盘点等是否符合内部控制制度的要求。

（4）购入资产的功能是否与合同所标的功能一致。

（五）常规性审计项目

审计级次：二级。

审计安排：按季度或月度进行。

审计目标：财务信息的管理控制。

审计内容：

（1）每月对公司各内部机构以及×××、×××等子公司的会计资料、财务收支环节及有关经济活动的合法性、合规性、真实性和完整性进行审计。

（2）每月根据财务凭证和支付款项目，抽查采购与付款、固定资产、销售与回款等环节的财务控制项目××至××项，进行合规性检查。

（3）每月抽查××至××项物料领料程序的审批、出库、使用、欠料、退料等是否符合公司内部控制管理制度。

（4）每月抽查××至××项成品出库程序，检查出库指令是否符合公司规定、出库单是否严格按审批流程签字确认。

（六）突发性审计或临时性审计

根据公司实际需要，按照公司董事会、审计委员会、公司管理者提出的需要，开展内部突发性审计工作或临时性审计工作。

四、审计资源分配情况

审计资源由一名审计副总、一名审计经理、三名审计人员构成。具体审计项目的时间安排是在征询了被审计单位和部门的意见后而确定的。审计资源分配情况如下表所示。

审计资源分配情况

审计项目	审计开展时间	所需时间（小时）	人员数量	备注
一、重点审计项目		840		
（一）采购项目审计	××年5月1日	480	4	
（二）募集资金项目审计	资金到位之时、半年度	360	2	
二、常规性审计项目		560		
（一）关联交易项目	××年7月	240	2	
（二）××分公司	××年12月底	120	2	
（三）×××分公司	××年12月底	200	2	
三、突发性审计项目	按公司要求	视项目而定	视项目而定	
四、后续教育		600	4	
五、非审计会议及培训		300	4	
六、审计计划	××年1月	80	4	
七、审计实施	全年度	1400＋未定（三项）		年度合计
八、审计跟踪	项目审计之后	200		年度合计
九、其他事项		待定		

五、后续审计的安排

审计部将按照公司内部审计章程，接受公司的后续审计安排。

审计部有责任对审计报告中有问题的审计项目实施后续审计，包括确定后续审计计划、审计范围和目标、相关的后续审计程序，以及是否需要采取纠正措施，并评价纠正措施的效果。

同时，审计部有责任和义务报送与后续审计有关的报告。

六、风险评估过程

审计部已基本按照××年度审计计划完成了各项审计工作，总结了××年审计过程中发现的问题，评价了审计效果，针对公司、所属单位和部门的实际情况（包括经营状况、管理水平、高风险区域等），拟定了审计计划。

鉴于公司管理层正将风险管理融入公司的全面运营之中，审计部力求内部审计工作与其协调一致，使这两项工作产生协同增效的作用。

审计部对可能影响公司的风险进行评估后，制定了可审计项目计划核对表，并将其发至公司管理层，审计部根据管理层反馈的意见对可审计项目计划核对表进行修订后下发至各单位、各部门（具体明细如下表所示），要求各单位、各部门对可审计项目提出建议。

××公司××年度可审计项目计划核对表

序号	审计项目	意见与建议	备注
1	采购环节审计		
2	生产成本环节审计		
3	销售及应收账款审计		
4	募集资金项目审计		
5	关联交易项目审计		
6	基建工程项目审计		
7	××分公司常规审计		
8	×××分公司常规审计		
9	其他突发性审计项目		

各单位、各部门在进行了充分的讨论后，对可审计项目提出了各自的建议。审计部认真研究了各方面的反馈信息，最终确定了××年度审计项目。为了不影响各单位、各部门的日常工作，同时提高审计的效率和效果，审计部与被审计部门讨论了××年度具体审计项目的实施时间。

七、附则

以上年度计划已呈公司董事会、审计委员会批复。

二、编制项目审计实施方案

内部审计部门在实施审计时，应当根据年度项目审计计划或指令、被审计单位的情况及审计工作的复杂程度，确定是否编制审计方案。对于审计时间短、审计目标单一、情况简单的审计项目，可以不编制审计方案。

小提示

审计组在编制审计方案时，应当考虑项目审计的要求、审计的成本效益和可操作性，对审计的重要性、财务及经营活动的风险程度进行适当评估。

1.审计方案的内容

审计方案的主要内容包括：

（1）编制审计方案的依据。

（2）被审计单位的名称和基本情况。

（3）审计目的、审计范围及审计策略。

（4）重要财务与经济活动及重点审计区域。

（5）审计工作进度及时间预算。

（6）审计组组成及人员分工。

（7）重要性水平的确定及风险的评估。

（8）需被审计单位配合支持的事项。

（9）编制审计方案的日期。

（10）其他有关内容。

2.审计方案编写前的资料收集

审计部门编写审计方案时，应当收集、了解与审计事项有关的法律、法规、规章、政策和其他文件资料。

审计部门编写审计方案前，应当调查了解被审计单位的下列情况，并要求被审计单位提供有关资料。

（1）业务性质、经营规模与特点及组织结构。

（2）经营情况与经营风险。

（3）合同、协议、章程、营业执照、法人代码证、税务登记证、贷款证等法律性文件。

（4）计划审计期间各种经济活动的合同和分析性资料、各项预算及执行情况。

（5）银行账户、会计报表及其他有关的会计资料。

（6）财务机构及工作情况。

（7）相关内部控制制度。

（8）重要的会议记录。

（9）前一次接受审计、检查的情况。

（10）行业和财经政策及宏观经济形势对被审计单位的影响。

（11）其他与编制审计方案有关的重要情况。

3.审计方案的编写

内部审计人员可以同被审计单位的有关人员就审计方案的某些要点和某些审计程序进行讨论，以便在审计过程中得到被审计单位有关人员的配合，但独立编制审计方案仍是内部审计人员的责任。

审计部门应当根据被审计单位的下列情况，编制项目审计方案。

（1）业务活动概况。

（2）内部控制、风险管理体系的设计及运行情况。

（3）财务会计资料。

（4）重要的合同、协议及会议记录。

（5）上次审计结论、建议及后续审计情况。

（6）上次外部审计的审计意见。

（7）其他与项目审计方案有关的重要情况。

4.审计方案的审核

对审计方案，应审核以下主要事项。

（1）审计目的、审计范围及重点审计领域是否恰当。

（2）时间安排是否合理。

（3）审计组成员的选派与分工是否恰当。

（4）对被审计单位内部控制制度的信赖程度是否恰当。

（5）审计重要性的确定及风险评估是否恰当。

（6）审计程序能否达到审计目标。

（7）审计程序是否适合各审计项目的具体情况。

（8）其他需要审核的事项。

5.审计方案的调整

审计部门在实施审计过程中，发现审计方案不适应实际需要时，可以根据具体情况按照程序及时调整。审计部门调整审计方案时，应当向审计部门经理说明调整的理由，书面提出调整建议，经审计部门经理同意后实施。

审计部门在特殊情况下不能按规定履行签批手续的，可以口头请示审计部门经理同意后，调整并实施审计方案。项目审计结束时，审计部门应当及时补办签批手续。

范本

审计工作方案

××年×月×日 编写人：

被审计单位（部门）	××公司
审计目的	对财务收支的真实性、合理性进行确认，对相关制度的建立与执行进行评价，对××的任期进行评价
审计方式	就地审计
编制依据	审计部××年度工作计划及审计部的工作安排
审计范围	××年×月×日至××年×月×日的财务报表
审计内容	××公司××年×月×日至××年×月×日资产、负债、损益、所有者权益的真实性、合规性、准确性
	××公司××经济责任审计
	××有限公司内控管理情况
	××有限公司会计核算管理情况
	××有限公司资产管理情况
	会计核算体系、会计基础工作规范情况
	资产保护措施及执行情况
	担保、重大资产处置情况
	其他需要审计的事项
计划工作时间	外勤工作时间：××小时
费用预算	××元

审计组人员及分工	姓名	具体工作事项			
		职责	审计内容	时间	审计重点
		项目负责及审计实施	1.草拟审计通知书		1.××公司规章制度的执行情况
			2.草拟审计工作方案		2.会计核算管理情况
			3.内控审计		3.财务制度的执行情况
			4.会计报表审计		4.资产管理情况
			5.房租审计		5.资产是否安全
			6.货币资金、固定资产、存货抽查		6.内控是否有效并得到很好执行

续表

姓名	具体工作事项			
	职责	审计内容	时间	审计重点
审计组人员及分工	项目负责及审计实施	7.××经济责任审计		7.印章管理情况
		8.撰写审计报告初稿		8.资产是否真实完整
		……		9.负债是否存在
				10.收入是否真实完整
				11.成本费用是否真实完整
				12.房租款项是否真实
				13.固定资产、存货是否账实相符

具体实施步骤	一、准备阶段	时间	执行人
	根据××公司的实际情况开展审前准备工作		
	1.收集查阅××公司相关文件资料，进行初步分析		
	2.对××公司××年1月至12月的账务情况、报表情况进行查询		
	3.草拟审计工作方案、审计通知书		
	4.×月×日送达审计通知书		
	5.×月×日与被审计单位见面，宣读审计通知书，与被审计单位就本次审计工作进行沟通，审阅与核查××公司提交的资料		
	二、实施阶段	时间	执行人
	××年×月×日至×月×日按审计计划实施审计，审计顺序可根据实际情况进行调整，审计内容可交叉进行		
	1.发放往来询证函，并做回函统计		
	2.对××公司货币资金进行盘点、检查		
	3.对××公司银行存款进行函证或替代程序检查		
	4.对××公司并账情况进行审计		
	5.对××公司上线情况进行审计		

续表

具体实施步骤	6. 准备门店及物流商品盘点资料、门店固定资产实物清单、现金盘点资料		
	7. 对物流库存商品进行抽盘		
	8. 对门店库存商品及固定资产、现金进行抽盘		
	9. 对房租支付情况进行审计		
	10. 对内控管理进行审计		
	11. 进行 ×× 经济责任审计		
	三、整理报告阶段	时间	执行人
	1. 整理审计底稿；汇总审计资料；草拟审计内容的初步交换意见；按工作安排实施追加审计程序；复核审计底稿；汇总审计情况和交换意见		
	2. 撰写审计报告交换意见初稿，并报部门领导审核		
	3. 审计报告交换意见初稿经部门领导审核后，与被审计单位初步交换意见；根据初步交换意见的结果，确定是否追加审计程序		
	4. 根据反馈结果，修订交换意见，撰写审计报告初稿，报部门领导审核		
	5. 根据部门领导的意见，出具正式审计报告		
	四、终结阶段	时间	执行人
	1. 根据公司领导对审计报告的批示意见，出具审计意见书，下达审计结论		
	2. 审计底稿装订归档		
高级审计师审核意见			
审计部门负责人审批意见			
审计负责人审批意见			

三、下达审计通知书

审计通知书是指内部审计机构在实施审计前，通知被审计单位或个人接受审计的书面文件。

1. 审计通知书的作用

在审计前，内部审计人员应发出审计通知书，告知被审计单位审计的时间、目标和范围，以及需要被审计单位配合的事项并要求被审计单位及时准备相关的文件、报表和资料。所以，审计通知书最好能明确对被审计单位的以下要求。

（1）及时提供审计人员所要求的全部资料。

（2）为审计人员的审计提供必要的条件及合作。

（3）审计费用的承担方式。

（4）其他要求事项。

2. 审计通知书的发出时机

内部审计机构应在实施审计前，向被审计单位送达审计通知书。特殊审计业务，可在实施审计时送达。审计通知书除了送达被审计单位外，必要时可抄送企业内部相关部门。

3. 审计通知书的内容

审计通知书应当包括下列内容。

（1）审计项目名称。

（2）被审计单位名称或者被审计人员姓名。

（3）审计范围和审计内容。

（4）审计时间。

（5）需要被审计单位提供的资料及其他必要的协助要求。

（6）审计组组长及审计组成员名单。

（7）内部审计机构的印章和签发日期。

范本

内部审计通知书

内审 [ ] 字

签发：

_____部/项目部：

经公司审计委员会批准，审计员将于近期对你部门开展内部审计工作，具体审计时间和计划将在审计开始前一周通知。请在接到具体审计时间和计划通知后尽快完成准备工作，并提前进行工作安排。

请各有关部门对审计工作予以协助。

审计员：

年　月　日

第三节　审计实施阶段

一、初步调查

初步调查的步骤如图3-5所示。

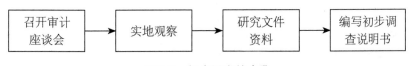

图3-5　初步调查的步骤

1.召开审计座谈会

审计开始前，审计人员应与被审计单位负责人、财务负责人及其他相关人员召开审计座谈会，了解被审计单位的基本情况，说明审计的目标和范围以及审计中需要被审计单位提供的各种资料和需要协助的事项等。

所谓"相关人员"，不仅指被审计单位的负责人或各级管理部门的负责人，还应包括与被审计活动直接相关的业务主管人员及具体的工作人员。

在审计座谈会上，内部审计人员应该向与会者，尤其是那些会对审计报告作出答复的管理人员说明来意，阐明审计的目标、工作范围、时间安排、所需的资料和帮助，以及其他为完成审计任务所做的具体安排和要求。

内部审计人员应了解被审计单位管理人员所关心的问题，同时，还应该就经营目标、管理计划、内部控制、财务会计、生产技术、经营方针等方面的问题与管理人员广泛地交流意见。在现场调查过程中，内部审计人员收集的大部分资料和信息都来自管理部门的负责人，因此，内部审计人员必须围绕调查表中的重要问题与之进行较为详尽的讨论，主要听取他们对有关问题的意见和看法。通过交谈，内部审计人员可以进一步了解计划和控制系统、业绩标准制定和修订、经营管理和财务会计等方面的情况，以及管理人员已经意识到的问题。

审计座谈会是一次非常重要的、必不可少的会议。它是内部审计人员宏观了解被审计单位的机会，也是与之建立合作关系的基础。在交谈中，内部审计人员应该明智地提出一些具体的敏感问题，以显示其专业素质和职业风格；同时又必须保持谦虚、勤奋、踏实的作风，以显示客观公正的执业姿态，从而消除被审计人员的抵触情绪，争取他们对审计工作更大的支持和帮助。可以说，内部审计人员在初次见面中的表现是能否取得被审计单位支持的一个重要因素。

以下为某公司审计座谈会的议程。

范本

经济运营情况审计启动会（暨汇报会）议程

经股东双方协商确定，由××电气工程（集团）有限公司、××建工集团组成联合审计组，对××设备安装工程集团有限公司（以下简称安装集团）开展经济运营情况审计。根据审计工作程序，现需召开审计启动会（暨汇报会），启动会由建工集团×××先生主持，会议议程如下。

一、由主持人介绍参会的××建工集团、××电气工程的领导，以及联合审计组的成员，说明此次审计的目的和依据，并宣读审计通知书。

二、由安装集团×××先生向审计组介绍参与本次会议的安装集团的主要领导，并代表安装集团向与会全体人员汇报安装集团近三年取得的工作业绩、公司"十二五"规划完成情况、企业目前面临的困难以及所采取的措施。

三、由建工集团领导×××讲话。

四、由审计组总结发言，并对后续审计工作提出要求。

注：参会人员包括安装集团董事会成员、监事会成员、党政领导班子全体成员、中层管理人员（机关部室负责人、项目部/分公司经理和书记、投资单位经理和书记）。

联合审计组

20××年××月××日

2.实地观察

审计人员应实地观察被审计单位的经营地点、设备、职员及业务情况，获得对被审计单位业务活动的感性认识。

（1）实地观察中应关注的问题

审计人员在实地观察中应该关心以下方面的问题。

① 业务活动是否遵守了企业的方针政策、法律、条例，以及相应的程序和标准。

② 财产安全和完整方面的控制情况。

③ 控制措施的运用及其效果。

④ 现场工作情况及其质量。

⑤ 资源的取得和使用情况。

⑥ 会计信息和业务信息的处理情况及其正确程度。

⑦ 生产现场的秩序和纪律等。

（2）实地观察的要求

实地观察应该是一项认真细致的工作，审计人员绝不能像走马观花那样轻松愉快、随随便便。

① 在实地观察过程中，审计人员既要注意"看"，也要认真"听"，还应该适当地运用分析判断法挖掘那些未被考虑的事项，时刻注意那些不正常、不经济、低效率的迹象。这些迹象可能表明工作流程不合理、场地脏乱、设备安装和保养不当、资产保管地不安全、装置泄漏点不正常、业务衔接不顺畅等问题，也可能反映管理人员指挥不当，职员对管理人员有不满或抵触情绪、工作态度不严谨、作风散漫等问题。

 小提示

实地观察必须由熟知情况的管理人员陪同，内部审计人员应该随时提出一些具体问题，以求得现场解答，尤其对观察中发现的不正常或有疑虑的问题，应该询问原因直到得到满意的回答。

② 审计人员要适当听取现场作业人员就目前情况和存在问题的介绍和解释，并对之进行比较分析，这有助于审计人员从不同角度揭示可能存在的重大问题或需要深入调查的潜在风险区域。

（3）实地观察所收集的信息的利用

在利用实地观察所收集的信息时，审计人员应该保持谨慎的态度。因为，实地观察到的一些情况有可能是随机事件，并不能完全代表正常条件下的一般现象。这需要审计人员在今后的工作中进一步证实。例如，审计人员在现场既没有看到工作停顿，也没有发现工作积压，而且场地也很干净整齐，展现在他们面前的是一条畅通无阻的生产流水线，但是在生产管理部门或生产车间的产品产量统计资料中，他们却发现每个月的产品产量起伏很大，甚至出现产量为零的情况。这就表明，有可能发生过停工而没有完成生产计划，眼前畅通无阻的生产线是一种假象。由于某些客观原因（例如，被检查人员把审计人员看作是"拿着别人的脑袋去邀功请赏"的对手），审计人员所听到的可能不是真实情况的反映，甚至可能与真实情况相背离。

因此，审计人员既不能过于信赖被审计单位有关人员提供的信息，也不能被现场的假象所迷惑。当然，更不能因为观察到了低效率、不经济、不正常的现象就轻易得出一般性的结论。

 小提示

在利用实地观察所收集的信息时，内部审计人员必须牢记：观察到的一切并不一定反映正常条件下的一般情况，都需要进一步去证实。

3.研究文件资料

审计人员接下来应对被审计单位提供的文件资料及实地观察过程中得到的信息进行整理归档，并进行分析研究。

每个被审计单位都会有大量的、名目繁多的文件。在初步准备工作中，审计人员就应该明确需要查阅被审计单位的哪些文件，并提出具体的要求。

查阅所有文件是不可能的，也是没有必要的。通常，审计人员应将时间和精力集中在与被审计活动相关的重要文件上，这些文件包括：

（1）上级管理部门下达的计划、预算和经营目标。

（2）目标管理方案。

（3）质量控制和业绩报告。

（4）程序流程图。

（5）操作规程。

（6）重要岗位说明。

（7）会计原则和政策。

（8）核算体系。

（9）各项业绩标准。

（10）与企业内部和外部往来的重要文件等。

阅读被审计单位近期的文件记录，可以使审计人员迅速了解被审计单位目前的状况和潜在的发展趋势。一些分析性报告通常反映了本期某些活动的开展情况和存在的问题；有些文件记录了被审计单位在生产经营管理和财务会计等方面发生的重大变化，这些变化可能给企业造成积极的或消极的影响。这些文件所反映的情况可以为审计人员确定审计重点提供参考。

4.编写初步调查说明书

初步调查完成后，审计人员应编写简要的初步调查说明书，概括被审计单位的基本情况及初步调查的情况。

二、分析性程序及符合性测试

1.分析性程序

审计人员应根据财务报表和有关业务数据计算相关比率、趋势变动，用定量的方法更好地解释被审计单位的经营状况。

（1）分析性程序的内容

分析性程序主要验证信息的合理性，内容包括：

① 当期信息与前期相似信息的比较。

② 当期财务和经营信息与预测信息的比较。

③ 本部门信息与其他部门相似信息的比较。

④ 财务信息与相应非财务信息的比较（如工资费用与员工数量比较）。

⑤ 信息各元素之间相互关系的比较（如利息支出变化与负债结构变化比较）。

⑥ 本企业信息与企业所在行业类似信息的比较。

（2）分析性程序的作用

分析性程序的作用主要有：

① 可以确定各种数据之间的关系。

② 能够确认期望的变化是否发生。

③ 能够确认是否存在异常变化。只要发现异常变化，审计人员必须了解原因，对该变化是否为错误行为、违法行为、违规行为、不正常交易或事件进行确认。

④ 能够识别潜在的错误。

⑤ 能够发现潜在的违规或违法行为。

⑥ 能够识别其他不经常或不重复发生的交易或事件。

（3）分析性程序的关键

分析性程序的关键在于分析与比较，审计人员首先要分析所收集数据之间可能存在的关系即相关性，而且要保证所收集数据的可靠性，并且剔除其中的不合理因素。然后利用自己积累的经验以及合理标准，分析被审计单位所提供的资料以及信息，从中发现异常的变动、不合理的趋势或者比率。

① 应考虑数据之间的关系以及比较基准。运用分析性程序的一个基本前提就是数据之间存在着某种关系，因此，应考虑数据之间的关系以及比较基准，如图3-6所示。

分析所收集数据之间存在的关系	考虑数据信息之间的比较基准
即财务信息各构成要素之间的关系，以及财务信息与相关非财务信息之间的关系。财务信息各要素之间存在相关性以及内部钩稽关系，例如，应付账款与存货之间通常有稳定的关系；当然，某些财务信息与非财务信息之间也存在内在联系，如存货与生产能力之间的关系	在运用分析性程序时，审计人员要注意将被审计单位本期的实际数据与上期或者以前期间的可比数据进行比较来判断是否存在异常。在运用以前期间的可比会计信息时，审计人员要注意被审计单位内部和外部的相关变化。审计人员可以将自己的预期数据与被审计单位财务报表上反映的金额或者比率进行比较，以发现异常情况

图3-6　考虑数据之间的关系以及比较基准

② 要合理确定分析性程序的应用方式。分析性程序在会计报表审计的计划阶段和报告阶段都必须使用，在审计测试阶段可以选择使用，但是审计人员在审计的过程中要合理确定分析性程序的应用方式，如图3-7所示。

 可以采用比较分析法　将实际与预算进行比较，发现实际与预算的差异并分析原因；将本期同上期进行比较，判断本期指标是否存在异常；进行同业比较，判断被审计单位数据指标的正常与否

 可以采用趋势分析法　可以揭示财务审计中的问题，以及预测管理审计的前景

| 可以采用科目分析法 | ☞ | 通过选择借方或贷方科目编制对照表来登记对应科目，可以检查对应关系是否正确，主要用于容易发生错误的会计科目 |
| 可以采用回归分析法 | ☞ | 通过回归分析方法，可以计量预测的风险和准确性水平，量化审计人员的预期值 |

图3-7 分析性程序的应用方式

💡 **小提示**

内部审计人员可以利用专门的计算机审计软件进行辅助分析。主要是借助计算机信息储存量大、计算准确快速、制作图表方便简捷等功能，将审计或审计调查的有关数据输入计算机，进行专题性、行业性、综合性分析。内部审计人员还可以根据审计目标，将收集的数据信息编制成各种审计模型，进行指标计算、图表分析、风险评估等一系列复杂的高层次分析。

在现场审计时，内部审计人员可以使用一般通用软件，如Excel、Access等，制作各种表格，计算有关数据，对多个专题内容进行筛选分析；也可以根据审计要求，对一些数据进行整理加工，生成多个包含特定内容的新表格，进行多角度、深层次的分析。

（4）分析性程序在内部审计各阶段的应用

① 审前准备阶段。在审前准备阶段，审计人员使用分析性程序的主要目的是对被审计单位的经营情况有更好的了解，确认资料间的关系和异常波动，找出潜在的风险领域，确定被审计单位的重要问题和重点审计领域，制订具有针对性的审计计划，使现场审计更有效率和效果。内部审计人员在这一阶段执行分析性程序时，通常有图3-8所示的步骤。

审计人员通过收集被审计单位的业务数据，编制各种业务数据模型，综合运用各种分析方法，对被审计单位进行连续、全面、逐层、深入的分析，对被审计单位存在的问题，疑点和异常客户、账户和交易进行定位，可为现场审计提供准确的线索，为制订审计计划提供支持。

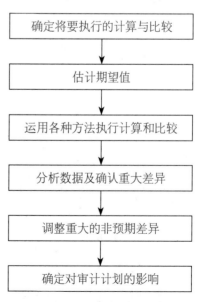

图3-8 执行分析性程序的步骤

135

② 在现场审计的取证阶段。分析性程序可作为一种实质性测试方法。审计人员可收集与账户余额及各类交易相关的数据作为认定的证据，在测试分析过程中发现意外差异时，可先询问被审计单位的管理层，获得其解释和答复；然后再实施必要的审计程序，确认管理层解释和答复的合理性和可靠性。如果管理层没有作出恰当的解释，则应扩大审计测试范围，执行其他审计程序，做进一步审查，以便查出原因，得出结论。

小提示

在测试阶段，分析性审计程序提供的大多是一些佐证证据，其证明力相对较弱，必须与其他证据结合才能完成对某一事项的具体认定，但这并不影响内部审计人员利用这一程序，因为使用分析性审计程序可节省人力和时间。

③ 在现场审计取证结束时。运用分析性程序可对所有审计问题进行最后的综合分析。各专业审计小组或项目主审对审计人员发现的问题进行比较分析，对审计发现的问题与访谈、实地观察了解的情况进行综合比较分析，如果发现相关信息的关系不合理，则需要进一步了解情况，必要时考虑追加审计程序。

④ 在撰写审计报告时。运用分析性程序可对各项指标与审计发现的问题进行比较分析，客观评价各专业小组的报告，提高审计结论的准确性。

在审计的各阶段执行分析性审计程序，审计人员需要注意，由于执行该程序所获得的审计证据主要为间接证据，审计人员不能仅依靠该程序得出审计结论；应充分考虑分析性程序的结果和审计目标的重要性，相关内部控制的健全性和有效性，用于分析性程序的财务资料和相关资料的可获得性、相关性、可比性、可靠性等方面的因素；必要时，还应考虑与其他证据相互印证，要在综合分析和评价的基础上得出审计结论。

小提示

内部审计人员对通过比较和分析各项指标所发现的异常情况，应给予充分关注，从而有针对性地采取审计程序来审查重点领域。

2.符合性测试

符合性测试是指内部审计人员在对被审计单位内部控制进行初评的基础上，为确认该控制是否在实际工作中得以贯彻执行、贯彻执行的效果是否符合预期而进行的测试活动。符合性测试通常采用的方法如下所示。

（1）观察法

内部审计人员到现场观察工作人员处理业务的情况，了解业务处理过程是否符合内部控制制度的要求。

例如，内部审计人员可以观察仓库材料的收发情况是否与规定的收发料程序相一致，到财务部门观察报销手续是否与规定相符，等等。

（2）实验法

内部审计人员选择有关业务进行分析，并要求工作人员重新实施，可以判断工作人员是否遵守了内部控制制度。

例如，内部审计人员要求有关人员重新执行发货流程，以判断其是否遵循了清点、计量、记账等发货程序，对各项审核、检查工作是否执行到位，对不合理、不合法的发货与领货行为是否进行了必要的把关。

（3）检查证据法

内部审计人员获取与业务有关的凭证和文件，然后沿着这些文件和凭证所留下的踪迹进行检查，从而判断业务处理是否符合内部控制制度的要求。

例如，按规定，业务发生后有关经办人员、审核人和批准人应在凭证上签字。内部审计人员可检查凭证上有无这些人员的签字，若发现多张凭证上无签字，则可以认为该项内部控制未执行。

三、实质性测试及详细审查

实质性测试及详细检查是内部审计人员在对内部控制进行初步评价的基础上，采用适当的审计技术，详细审查、评价被审计单位的经营活动。

1.实质性测试

实质性测试是指为审查直接影响财务报表正确性的错误或不合法金额所设计的一种审计程序。其目的是取得有关会计事项和账户余额的会计处理是否妥当的证据。实质性测试包括交易实质性测试、分析性测试和余额详细测试三种。

（1）交易实质性测试

交易实质性测试是指为判断被审计单位的会计交易在日记账中是否被正确记录和汇总、是否正确过入明细账和总账而设计的一种审计程序。例如，内部审计人员执行交易实质性测试可以检查已记录的交易是否存在、已发生的交易是否记录，也可以确定销货交易的记录是否正确、是否列入恰当的期间、分类是否正确、汇总是否正确和是否过入正确的账户。如果内部审计人员证实交易在日记账中已正确记录并正确过账，那么就能确定总账的合计数是正确的。在实际工作中，符合性（控制）测试可以与所有其他测试分开进行，但为提高效率，常常与交易实质性测试同时进行。

（2）分析性测试

分析性测试是指通过对财务数据和非财务数据之间可能存在的合理关系进行分析而获得财务信息评价的一种审计程序。分析性测试实际上是将账面金额同内部审计人员确定的期望值进行比较的过程。分析性测试的目的为：

① 了解被审计单位的行业或业务。

② 评价被审计单位继续经营的能力。

③ 显示财务报表中可能存在的错报。

④ 减少余额详细测试。

后两个目的有助于内部审计人员确定其他测试的范围。如果分析性测试表明可能有错误，那么内部审计人员需要进行更广泛的调查；如果通过分析性测试没有发现重大差异，则其他测试就可减少。

（3）余额详细测试

余额详细测试是指为检查账户期末余额的正确性而设计的一种审计程序，如直接向顾客函证应收账款、对存货进行实地检查、审查供货单位的对账单等都是余额详细测试。在审计过程中，期末余额测试至关重要，因为这种测试所需的证据大多来自被审计单位以外的单位和个人，通常是质量较高的证据。

2.详细审查

审计人员应收集充分的、可靠的、相关的和有用的审计证据（包括文件、函证、笔录、复算、询问等），进行审核、分析与研究，以最终形成审计判断。一般包括以下内容。

（1）加总相关明细账户余额并与总账余额比较，确认二者是否一致。

（2）运用统计抽样的方法，抽查会计记录，从凭证到账户。

（3）巡视库房，抽查盘点药品、器材等账面存货，确定存货的保管情况，存货资产的完整性及计价的准确性。

（4）清查固定资产，确定资产的管理、使用以及增减值情况。

（5）盘点现金，核对银行存款余额，确定货币资金的安全性及账实核对是否一致。

（6）函证主要往来账户余额，对无法函证或未取得回函的重要账户实行替代程序，确定往来结算的准确性。

（7）审核收费系统的收入日报表、药品销售日报表、现金收入日报表，并与系统核对。

（8）审核各类经济合同，对重要合同的签订、招投标及执行情况进行审查与评价。

（9）审查工程的预决算资料，复算工程量，确定工程支出的合理性、准确性。

（10）检查采购计划、采购合同与发票、入库单、付款支票是否一致。

（11）采用分析性复核程序，审查成本计算的准确性、折旧计提的正确性等。

（12）检查涉税项目，确定被审计单位是否遵守国家税收法律及其他相关规定，是否按时足额缴纳税款。

（13）审核费用的发生情况、审批手续，确定其真实性、合法性、合理性。

（14）其他审计程序。

四、编写审计工作底稿

审计人员在现场审计时应按规定编写审计日记与审计工作底稿。

审计工作底稿是内部审计人员在审计过程中形成的工作记录，简称审计底稿。

审计工作底稿不是正式的报告，只是审计人员撰写内部审计报告的基础。

但是审计工作底稿非常重要，它是后续审计的重要参考资料，同时也是考核评价审计人员工作质量的材料。

1. 审计工作底稿的分类

审计工作底稿一般分为综合类工作底稿、业务类工作底稿和备查类工作底稿，如图3-9所示。

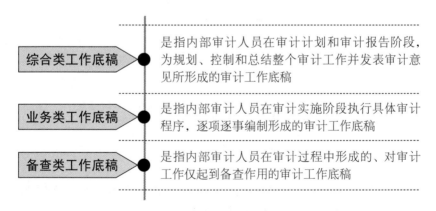

图3-9 审计工作底稿的分类

2. 审计工作底稿的要素

审计工作底稿的要素有：

（1）被审计单位名称。

（2）审计项目或审计事项名称。

（3）审计项目或审计事项反映的时点或期间。

（4）编制者的姓名及编制日期。

（5）复核者的姓名及复核日期。

（6）索引号及页次。

（7）审计过程记录。

（8）审计评价及/或审计结论。

（9）其他应说明的事项。

3.审计工作底稿编制的要求

审计工作底稿编制的要求如图3-10所示。

 应当做到内容完整、真实，重点突出，如实反映被审计单位的财务收支情况，以及审计方案的编制和实施情况。不得擅自删减或修改审计工作底稿

 应当做到观点明确、条理清楚、用词恰当、字迹清晰、格式规范、标识一致；审计工作底稿中载明的事项、时间、地点、当事人、数据、计算方法和因果关系必须准确无误、前后一致；相关的证明材料如有矛盾，应当予以说明

 相关的审计工作底稿之间应当具有清晰的钩稽关系，相互引用时应注明索引编号

图3-10　审计工作底稿编制的要求

第四节　审计终结阶段

审计终结阶段是指实施阶段结束以后，审计人员根据审计工作底稿编制审计报告、实施审计复核，并将有关文件整理归档的全过程。

一、编制审计报告

审计工作结束后，审计人员应及时编制正式的审计报告。正式的审计报告是审计人员在意见交换稿的基础上根据与被审计单位沟通的结果编制而成的。审计报告中应

用简明扼要的文字阐述审计目标、审计范围、审计
程序以及审计结论，并适当表明审计人员的意见。
被审计单位对审计结论的看法，可根据需要包含在
审计报告中。审计报告的编制步骤如图3-11所示。

1.审计复核与监督

审计项目负责人应对审计人员的审计工作底稿
及收集的相关资料进行仔细的复核，并对审计人员
实施的审计程序进行适当的监督和管理。

2.整理审计工作底稿

审计人员应对编制的审计工作底稿及收集的相
关文件、报表、记录等证据资料及时进行整理、归类。审计人员应根据统一的标准对
审计工作底稿及证据资料编制索引号，以方便查阅。

审计复核与监督
整理审计工作底稿
编写意见交换稿
与被审计单位交换意见
编制正式的审计报告
审核并报送审计报告

图3-11 审计报告的编制步骤

3.编写意见交换稿

召开退出会议前，审计项目负责人应编写详细的意见交换稿，或者编制审计报告
初稿。意见交换稿应简要说明项目的审计目标、审计范围、实施的审计程序，并对具
体的审计发现和初步的审计建议进行详细阐述。

（1）审计发现

审计发现应包括事实、标准及期望、原因和结果，如图3-12所示。

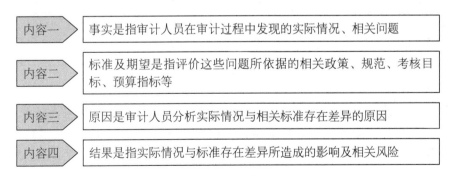

内容一	事实是指审计人员在审计过程中发现的实际情况、相关问题
内容二	标准及期望是指评价这些问题所依据的相关政策、规范、考核目标、预算指标等
内容三	原因是审计人员分析实际情况与相关标准存在差异的原因
内容四	结果是指实际情况与标准存在差异所造成的影响及相关风险

图3-12 审计发现的内容

审计人员应用书面文字、相关图表等详细阐述相关的审计发现，审计发现应有充
分的审计证据予以支持。

（2）审计建议

审计人员应根据内部控制情况及相关的审计发现，提出具体的、适当的审计建

议，以便于被审计单位完善内部控制、降低经营风险。

4.与被审计单位交换意见

与被审计单位的沟通包括重大问题的沟通及退出会议上的意见交换。

（1）重大问题的沟通。

重大问题主要是指，在审计过程中发现的正在进行的重大违规或对企业利益造成严重损害的问题。在这种情况下，需要被审计单位马上采取相关的措施。审计人员应根据具体情况分析所发现问题的实质及影响，确定沟通的对象，并报领导层批准。

（2）召开退出会议，就相关审计发现与审计建议与被审计单位交换意见。

内审工作结束前，审计人员应与被审计单位负责人及相关责任人召开退出会议，就意见交换稿上的相关问题听取被审计单位的解释与意见，并进行详细记录。双方应在意见交换书上签名确认。被审计单位对有关问题的不同意见，可与审计人员的审计发现和建议一起归档，以便查阅、分析。

范本

关于"××店资产验收专项审计报告"的征求意见书

编号：　　　　　（审）字（20　）第　　号

收文单位：建店部　　收件人：×××　　　　日期：20××.8.14

发文单位：审计部　　发件人：×××　　　　日期：20××.8.14

征求意见事项概述：审计部20××年6月17日至6月22日对××市××会员店非商资产的验收、管理情况进行了专项审计，本次审计仅对总部采购的××店非商品资产×万元进行了验收，占总部采购××店非商品资产总额××万元的××%（门店自采及调投资产暂未考虑）。

现将审计报告初稿发给贵部，请贵部将反馈意见填写在"反馈意见及说明"栏并签字确认扫描回传，如到期未回复，则视为对该审计报告无异议。

编制人：×××　　　审核：×××

反馈意见及说明：

无异议

负责人签名：×××　　日期：20××.8.18

说明：

1.审计报告回复分两种，（1）同意审计报告，无异议；（2）不同意审计报告（请将不同意见或建议填入表中）。

2.自收到该征求意见书之日起，3个工作日内进行书面回复，超过3个工作日未回复的，视为同意审计报告。

5.编制正式的审计报告

（1）审计报告的基本要素

审计报告应当包括下列基本要素。

① 报告字号。

② 标题，即"审计报告"。

③ 主送部门，即集团董事会/副总经理、运营总监办公会议/副总经理、运营总监/副总经理、运营总监等。

④ 审计报告的内容。

⑤ 审计部门经理签名。

⑥ 审计部印章。

⑦ 报告日期。

⑧ 抄送部门等。

（2）审计报告的正文内容

审计报告的正文应根据审计目标和被审计单位的具体情况编写。不同的审计目标、审计种类和被审计单位情况，审计报告的内容也不尽相同，通常包括以下几个方面。

① 审计的范围、内容、方式、时间。

② 会计责任与审计责任。

③ 审计依据，即企业内部审计办法和与审计范围、内容相关的各种管理制度。

④ 已实施的主要审计程序。

⑤ 被审计单位的基本情况。

⑥ 存在的问题，详细列出审计过程中发现的问题，揭示违反企业规定的财务收支或经营活动，并分析这些问题造成的影响及危害等。

⑦ 审计意见，即对已审计财务收支或经营活动的概括表述，审计人员应结合审计

重点及审计发现的重大问题，围绕财务收支和经营活动的真实性、合法性、合规性、效益性以及被审计单位应负的经济责任等作出评价性意见。

⑧ 审计处理建议，对违反规定的财务收支行为或经营活动进行定性，并提出处理、处罚建议。

⑨ 改进建议，对经营管理、财务管理、资产管理等的薄弱环节提出改进意见。

⑩ 审计附件，如有必要，可将原始记录、调查记录等审计证据作为审计报告的附件。

（3）审计报告撰写的步骤

内部审计人员撰写审计报告的步骤，如图3-13所示。

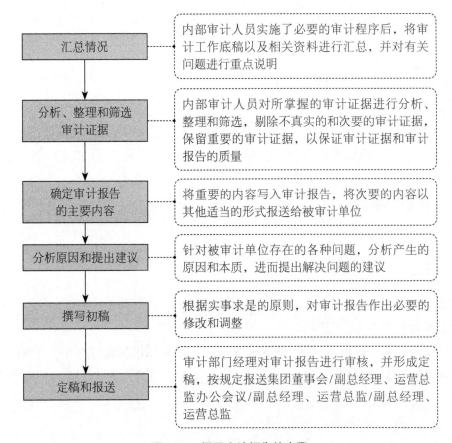

图3-13　撰写审计报告的步骤

6.审核并报送审计报告

审计部门负责人应对审计报告及相关的审计资料进行审核，确认后正式报送给企业领导层及审计委员会，并对审计结果进行简要的汇报。审计部门也应将经批准的审计报告报送给被审计单位。

范本

内部控制审计报告

××有限责任公司董事会：

集团监察审计部根据经批准的××年度审计计划，于××年×月×日至×日对××有限责任公司实施了内部控制审计。本次审计的主要目的是检查和评价采购及付款、销售及收款、存货管理及成本核算等业务流程的有效性和各部门的执行情况。我们审阅了相关制度，与采购、销售、仓储、财务等部门人员进行了面谈，并抽查了相关业务的处理文件。现将审计过程报告如下。

一、财务收支管理

公司财务核算总体来说比较规范，符合《企业会计制度》的要求。公司财务部制定了财务管理条例并使之成为日常财务管理与核算的标准。目前比较突出的问题是，财务总监如何直接参与公司的业务管理，尤其是如何对重大的资本性支出、费用性支出进行事前审核和监督。

本次审计，我们抽查了公司部分收付款凭证。发现公司在部分收付款作业中相关业务单证及审批手续并不完备，特别是财务总监没有在重要财务收支上履行审批责任。举例如下：

（1）编号03426的付款凭证上没有财务总监的签名。

（2）……

审计建议：

公司虽然制定了完备的财务管理文件，但没有对各项支出的审批程序、审批权限作出清晰的规定。按照规定，任何一项财务收支业务均应填制单证，并经授权批准，如提现、资金划拨等业务。所以，公司应编制相关单证及授权审批程序。

二、采购及付款

公司采购业务有较完备的采购作业管理标准。供应商质量审计、采购物资入库的质量检查及验收、付款审批等环节有适当的控制；公司采购部及相关岗位对采购管理和岗位职责较为熟悉。

对采购环节进行审计时我们发现了下列问题。

（1）供应商相对集中，对主要原料供应商的选择缺乏年度复审程序，供应商名录基本保持不变，新供应商开拓力度较弱。

审计建议：

① 我们建议公司实施一年一次的供应商复审制度，通过对供应商供货质量、过去履约情况以及生产现场等方面进行系统复查，选择有利于公司生产和成本较低的供应商。

② 密切关注供应商的竞争环境，逐步开拓新的供应商……

③ 有些原料如需独家供应……

（2）采购价格的确定缺乏系统且严格的询比价程序。

审计时，通过对主要原料本年和上年采购价格的分析，我们发现公司主要原料本年采购价格较上年均有较大幅度的增长。

目前公司所有的采购工作都没有询比价资料。经了解，公司采购价格以采购人员询价为基础，价格变动不大时，由采购部负责人予以核定；变动较大的，由主管厂长和总经理核定。由于这种做法缺乏系统且严格的价格核定程序和书面文件，我们担心采购价格不合理。

审计建议：

① 对于固定供应商，我们建议公司建立价格审核机制。采购人员可根据采购料件的特点，采用定期独立询价、议价，收集公开市场成交价格等方式来控制采购价格。

② 采购部门应密切关注主要材料、物资的市场供求与价格变动情况，作出趋势预测，提出最有利的采购时机和交易价格，为管理层采购决策提供依据。

③ 询比价资料是证明采购人员谨慎勤勉的直接资料，也是防止采购人员舞弊的重要控制手段。对于大宗物资采购，公司应该建立询比价制度，并制定统一的询价表和规范的比价规则。采购人员应保留好询比价资料，为管理层决策提供必要的依据，也为未来的采购提供参考。

（3）采购合同签订缺乏必要的核准程序。

我们抽查了公司当年与供应商签订的采购合同，没有看到公司管理层同意订立合同的相关资料。

审计建议：

采购合同的签订应经过一定的核准程序，且核准程序要有书面记录。我们建议公司编制合同会签单，按分层授权原则对采购合同进行审核。所有合同的签订，必须以签核完整的合同会签单为基础。

三、存货管理

公司已制定存货管理标准，对岗位设置、存货分类、出入库单据及流转、存货计量以及存货储存等环节已作出明确说明。在日常操作中，原材料和产成品仓库由采购部负责管理，实际控制得较好。主要不足之处如下。

（1）公司仓储部隶属于采购部，有违不相容岗位必须分开的原则。

仓储部在公司管理体系中的职责为，检查供应商所提供物资的数量、外观、质量等是否符合采购订单的要求，评估供应商售后服务的质量。仓储部隶属于采购部，客观上会削弱其对采购业务的监督。

审计建议：

按目前公司的组织体系和生产规模，我们建议仓储部直接隶属于财务部。这样做，一方面可以解决岗位冲突问题；另一方面，可以更好地保证库存物资的质量。

（2）公司存货中存在一定比例的残次冷背，并且没有计提足够的减值准备。

我们对存货库龄以及生产领用、销售出库等情况进行了调查分析，截至审计基准日，公司材料中一年以上的冷背物料为××万元，产成品中呆滞品为××万元，二者占存货总成本的××%，公司也未计提任何减值准备。

审计建议：

① 加强市场开发，加大对冷背存货的消化力度，以减少资金占用；计提相应的减值准备。

② 对存货减值损失应考核到相关责任人。

（3）公司存货管理的表单填写不规范，对业务记录的完整性产生不利影响。

审计建议：

① 检查所有表单，完善表单间的引用设计，并制定编号原则。表单一般以月度为单位连续编号，个别业务量较少的表单以年度为单位连续编号。

② 规范入库单的填写，如由采购人员填写入库单，由库管人员将实际点收数量填入进货单；或者先由库管人员按实际点收数量填写入库单，然后由库管人员和采购人员共同签字确认。

四、销售及收款

1.合同的审核表现为事后控制

公司先授权业务员在购销合同上签字盖章，然后由业务员将双方签字盖章的购销合同交财务部开票。开票前，财务部信用审核员将对购销合同进行审核。如果审核未通过，购销合同将被退回重批，这样会使已签约的购销合同无法履行从而造成违约，同时会使财务部和市场营销部之间、公司和客户之间产生矛盾。

审计建议：

建议在合同签字盖章以前，公司各职能部门对合同进行事前审核，如对产品品种、质量、价格、交货期、信用额度、结算方式、外汇损益、运输方式、运保费承担、法律诉讼等内容逐一审核把关，审核通过后再授权市场营销部签署合同。

2. 信用期和信用额度标准不合理

公司给予客户的信用期一般为90天、60天、30天、现款等，而信用期的长短是根据客户离公司的远近而定的。公司给予客户的信用额度统一为年销售额的10%，信用期和信用额度的确定不科学，没有考虑客户的信誉度、还款能力、应收账款大小等因素。

审计建议：

公司应充分考虑各种因素，对相关客户进行信用评定，确定可行的、差别化的客户信用期和信用额度。

3. 现金收款

问题略。

审计建议：

严格执行《现金管理条例》，减少现金交易，货款可通过银行结算方式直接汇入公司账户。

4. 应收账款的管理

问题略。

审计建议略。

五、成本核算管理

本次内控审计得到公司各部门及相关人员的配合与协助，特此致谢！

因审计工作无法触及所有方面，审计方法以抽样为原则，因此在报告中未必揭示所有问题。

根据公司内部审计手册的规定，被审计单位及相关责任人员，不因审计而减轻或解除其应有的管理责任。

附件：××公司主要内控流程图（略）

集团监察审计部

××年×月×日

二、审计复核

审计复核是指审计部门经理在审定审计报告和作出审计意见、审计决定前，对审计工作底稿、审计报告、审计意见书或审计决定代拟稿进行审查，并提出意见的行为。

1.复核的事项

审计部门经理应当对审计报告、审计意见书、审计决定的下列事项进行复核。

（1）与审计事项有关的事实是否清楚。

（2）收集的审计证据是否具有客观性、相关性、充分性和合法性。

（3）适用的法律、法规、规章和具有普遍约束力的决定、命令等是否正确。

（4）审计评价意见是否恰当。

（5）定性、处理、处罚建议是否适当。

（6）审计程序是否符合规定。

（7）其他有关事项。

2.复核的程序

复核的程序与内容如图3-14所示。

| 第一步 | 内部审计人员提供资料 |

内部审计人员应当向审计部门经理提交下列材料：
（1）审计报告、审计意见书、审计决定草稿
（2）审计工作底稿及证明材料
（3）需提交的其他材料

| 第二步 | 审计部门经理复核 |

审计部门经理在复核过程中，发现审计工作底稿、审计报告、审计意见书、审计决定中的主要审计事项事实不清、证据不充分的，应当通知内部审计人员限期补正。审计部门经理对审计工作底稿、审计报告、审计意见书、审计决定复核后，应分别提出以下复核意见：
（1）审计程序符合规定，主要审计事项事实清楚、证据确凿，定性意见准确，处理、处罚意见恰当，适用的法律、法规、规章和具有普遍约束力的决定、命令正确，审计评价和审计建议恰当，内容完整，用词准确的，提出肯定性意见
（2）经过补正，主要事实仍然不清、证据仍不充分的，提出否定性意见
（3）定性、处理、处罚意见无法律依据的，提出否定性意见
（4）定性意见不准确，处理、处罚意见不恰当，审计评价和审计建议不恰当，适用的法律、法规、规章和具有普遍约束力的决定、命令错误，内容不完整，用词不准确的，提出修改意见
（5）审计程序不符合规定的，提出纠正意见和改进建议

图3-14 复核的程序与内容

三、审计资料整理、归档

审计档案是指内部审计机构在各项审计活动中直接形成和取得的，具有保存价值的各种文字、图表及电子形态的资料，是以实物形态存在的证据。审计资料整理、归档的过程如图3-15所示。

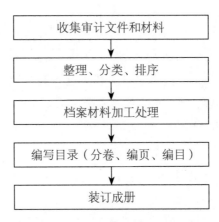

图3-15 审计资料整理、归档的过程

1.收集审计文件和材料

下列文件和材料应当归入审计档案。

（1）审计通知书、审计意见书、审计决定、相关领导的审批意见，以及审计建议书和移送处理书等审计业务资料。

（2）审计报告、审计报告征求意见书、被审计单位的书面意见和审计组的书面说明、审计报告的审定记录、审计取证、审计工作底稿及相关资料。

（3）审计工作方案、审计意见书的落实及回访情况，后续审计及审计决定执行情况、领导批示和记录。

（4）与审计项目有关的群众来信和来访记录。

（5）审计项目的请示、报告和会议记录。

（6）其他按规定应归入审计档案的文件和材料。

2.整理、分类、排序

审计资料的整理，应遵循审计成文规律，保持文件材料之间的有机联系，可按照结论类、证明类、立项类、备查类四个单元进行分类，并按照"正件在前、附件在后，定稿在前、修改稿在后"的原则排序。实践中，以表3-5所示的方式分类排序比较合理。

表3-5　审计文件材料的分类排序

单元	类别	排序
第一单元	结论类文件材料（带★号的条目为必备文件材料）	1.上级机关（领导）对审计项目形成的审计报告、审计决定、审计移送及审计要情、专题报告等的批示 2.审计情况报告及审计情况报告代拟稿 • 审计结果报告及审计结果报告代拟稿 • 审计综合报告及审计综合报告代拟稿 3.审计报告★ • 审计报告代拟稿 • 审计报告送达回证★ • 业务部门复核意见书★ • 审计组对被审计单位反馈意见的说明 • 被审计单位对审计报告（征求意见稿）的答复 • 审计报告征求意见书、审计报告征求意见稿及送达回证★ • 审计组的审计报告 4.审计决定书★ • 审计决定书代拟稿 • 审计决定书送达回证★ 5.审计移送处理书 • 审计移送处理书代拟稿 • 审计移送处理书送达回证 6.审计移送处理书审理意见书 • 审计项目审理意见书★ • 审理意见采纳情况说明书 7.审计业务会议纪要★ 8.审计组会议记录★ 9.重要管理事项记录
第二单元	证明类文件材料（带★号的条目为必备文件材料）	1.被审计单位承诺书★ 2.汇总工作底稿★ 3.审计工作底稿及审计证据★ 4.审计移送处理书附件原始取证单 5.审计要情、专题报告所涉及问题的证据材料 6.举报问题的核实材料或取证材料 7.查询被审计单位银行存款、账户取得的有关资料
第三单元	立项类文件资料（带★号的条目为必备文件材料）	1.上级审计机关或本级政府的指令性文件 • 举报材料及领导批示 • 审计工作方案 • 审计工作方案调整及相关材料 • 审计报告模板 2.调查了解记录★ • 调查了解记录及相关的审计取证

单元	类别	排序
第三单元	立项类文件资料（带★号的条目为必备文件材料）	3.审计实施方案★ • 审计实施方案调整说明及相关材料 4.审计通知书及送达回证★ • 审计通知书代拟稿 • 授权审计通知书
第四单元	备查类文件资料（带★号的条目为必备文件材料）	1.审计结果公告 2.审计整改情况报告：审计整改检查取证资料、被审单位整改情况报告 3.审计宣传信息 4.审计工作报告 5.相关部门出台的管理制度、办法 6.审计移送案件受理、立案、起诉及判决、处理、处分材料 7.审计评估表、测算表 8.被审计单位自查报告或自查表

3.档案材料加工处理

首先应检查每一份档案资料是否留有充分的装订线；其次应对纸张破损、幅面不规则或字迹模糊的档案材料进行加工处理。具体应注意以下几项工作。

（1）确定每份审计工作底稿及附件审计取证材料的顺序，以免把资料放错位置，同时撤出冗余资料。

（2）对纸张破损或字迹模糊不清的档案材料，应采用复印、扫描、拍摄等方法进行复制，应将复制件附在原件后面并注明复制原因。

（3）幅面过大的档案材料应进行折叠或剪裁，保证每页最终都为A4纸大小。折叠后的档案材料要保持平整，文字、照片不得损坏，方便展开阅读。剪裁时不得损坏档案材料上的文字、印章、图形等内容。

（4）幅面过小的材料应进行托举。有些材料幅面太小，无法装订，应当在材料的底部托上一层质量较好的纸张。

（5）装订边线过窄或装订线内有文字的材料应加边。档案材料一般应留有2厘米的装订距离。

（6）拆除档案材料上的订书钉、曲别针、大头针等金属装订物。

4.编写目录

编写目录包括分卷、编页、编目三个过程。

（1）分卷

当所有资料齐全并且符合归档要求时，就可以分卷了。同类档案如果太厚，应该分成多卷装订（编目时在文件标题或备注中注明分卷顺序）。分卷装订时，必须保证同一份材料在同一卷中。每卷厚度以恰好能装进档案卷夹为宜，档案卷夹整体应不凹不凸。

（2）编页

每卷材料应独立编页，编写页码时要用铅笔，以便于修改。页码标记应在材料的正面右上角、背面左上角。页码字体不能过大或者过小，过大影响美观，过小则可能在扫描后的电子档案中显示不清晰。

（3）编目

对档案材料，应按照排列顺序，逐份逐项编写目录，做到目录清楚，填写准确。目录包括顺序号、文件作者、收发文号、页码、文件标题、文件时间、备注等。

① 顺序号，用阿拉伯数字填写。

② 文件作者，填写单位或审计组名称。

③ 收发文号，有文号的填写，没有的不填。

④ 页码，按照编好的页码如实填写。

⑤ 文件标题，根据材料题目或主要内容填写，标题必须切实反映材料的主要内容或性质特点。

⑥ 文件时间，填写材料落款的具体时间。

⑦ 备注，填写需要说明的情况。

5.装订成册

装订时，将档案目录置于卷首，卷内材料按目录顺序排列，左边、下边对齐置于档案卷夹，在左侧打孔装订。装订应严格按照"牢固、整齐、美观，不丢页、不错页、不倒页、不压字、不订反、不损坏文件、不妨碍使用"的要求进行。

第五节　后续审计阶段

后续审计是指内部审计部门在对被审计单位作出审计处理后的一定时间内，为检查被审计单位对审计处理决定和建议的落实情况而实施的跟踪审计。后续审计对于帮助被审计单位完成整改、促进企业管理水平提高、维护审计权威和提高审计工作质量等都具有重要意义。

一、后续审计范围

在一般情况下，后续审计主要针对审计发现的问题和审计结论进行，并不是重新进行详尽的检查。例如，审计中发现被审单位应缴的税金未按时足额上缴，则在后续审计时应检查税金补缴情况。

后续审计的范围如图3-16所示。

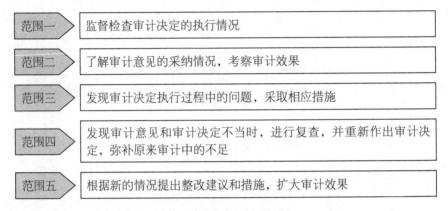

范围一	监督检查审计决定的执行情况
范围二	了解审计意见的采纳情况，考察审计效果
范围三	发现审计决定执行过程中的问题，采取相应措施
范围四	发现审计意见和审计决定不当时，进行复查，并重新作出审计决定，弥补原来审计中的不足
范围五	根据新的情况提出整改建议和措施，扩大审计效果

图3-16　后续审计的范围

同时审查以上五项内容，将使审计工作更为有效。

为高效有序地开展工作，审计部门最好将后续审计列入年度重点工作或项目计划，以表明后续审计的必要性，一方面可引起管理者或决策层的重视，另一方面可以加强执行效力，排除来自各个方面的阻力。

二、后续审计时间

后续审计的时间视具体情况而定。但以不超过审计决定作出后的两年为宜。后续审计的时间间隔不宜太长，如间隔太长，一方面，会使管理者缺乏紧迫感，消极对待审计意见和审计决定；另一方面，生产经营活动可能会发生重大变化，使审计结论失去应有的作用。

如果未进行后续审计，在下一次审计开始时，审计部门应首先检查上次审计结论和意见的执行情况，这种查核也具有后续审计的功效。

三、后续审计方案

审计部门经理应根据被审计单位反馈的意见，确定后续审计时间和人员安排，并编制后续审计方案。

编制后续审计方案时应考虑图3-17所示的因素。

图3-17　编制后续审计方案时应考虑的因素

四、后续审计报告

内部审计人员应根据后续审计的执行过程和结果，向被审计单位及企业适当管理层提交后续审计报告。

第四章
企业内控

  企业内部控制体系由一系列具有控制职能的方法、措施和程序组成，能够促进企业业务活动有序进行，保障企业资产安全完整，防范和纠正错误与舞弊，确保财务报告真实完整，提高企业经营效率和效果。具体来说，企业内部控制的方法包括不相容职务分离控制、授权审批控制、会计系统控制、财产保护控制、预算控制、风险评估与管理、信息与沟通、内部监督与审计，这些方法和措施相互关联、相互支持，共同构成了一个完整的内部控制体系。

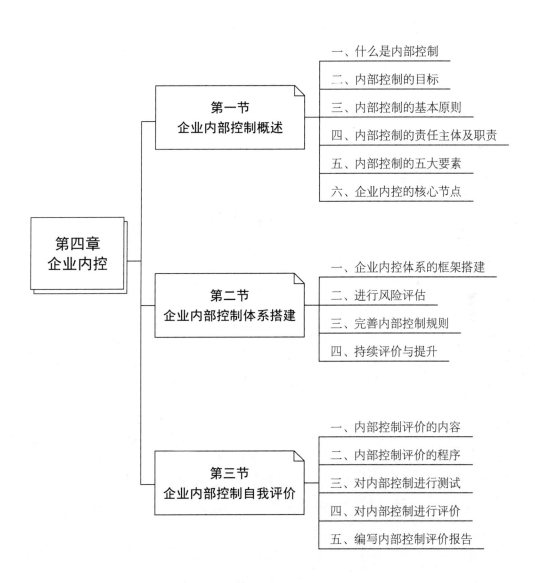

第四章
企业内控

第一节
企业内部控制概述

一、什么是内部控制

二、内部控制的目标

三、内部控制的基本原则

四、内部控制的责任主体及职责

五、内部控制的五大要素

六、企业内控的核心节点

第二节
企业内部控制体系搭建

一、企业内控体系的框架搭建

二、进行风险评估

三、完善内部控制规则

四、持续评价与提升

第三节
企业内部控制自我评价

一、内部控制评价的内容

二、内部控制评价的程序

三、对内部控制进行测试

四、对内部控制进行评价

五、编写内部控制评价报告

第一节 企业内部控制概述

一、什么是内部控制

《企业内部控制基本规范》指出，内部控制是由企业董事会、监事会、经理层和全体员工实施的，旨在实现控制目标的过程。内控是控制的一个过程，这个过程需要全员参与，上到董事会、管理层、监事会，下到各级员工，都要参与进来。

内部控制是企业管理工作的基础，是企业持续健康快速发展的保证。管理实践证明，企业一切管理工作都是从建立和健全内部控制开始的；企业的一切决策都应建立在完善的内部控制体系之下；企业的一切活动都无法游离于内部控制之外。

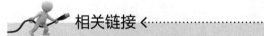

相关链接

我国企业内部控制规范体系的构成

《企业内部控制基本规范》及3个"指引"是财政部、证监会、审计署、银保监会在2010年4月26日共同发布的。它充分考虑和借鉴了"全面风险管理"的基本内容，涵盖了"全面风险管理"的各个层面，提出了"以全面风险管理"为导向的内部控制概念。在合规的强制性上，证监会要求上市公司、拟上市公司开展内控，银保监会要求商业银行也要逐步开展内部控制和风险管理。审计署则按照"以风险管理为导向"的审计原则，对企业内控体系中的缺陷进行内部评价和外部审计。

2010年4月26日，财政部会同证监会、审计署、银保监会在北京联合发布了《企业内部控制规范配套指引》（如下图所示）。该配套指引由21项应用指引（当时发布了18项，涉及银行、证券、保险等业务的3项指引未发布）、《企业内部控制评价指引》与《企业内部控制审计指引》（二者合称为评价与审计指引）组成。该配套指引自2011年1月1日起首先在同时在境内外上市的公司施行，自2012年1月1日起扩大到在上海证券交易所、深圳证券交易所主板上市的公司。同时，国家计划在上述公司施行的基础上，择机在中小板和创业板上市的公司中施行，并鼓励非上市大中型企业提前执行。

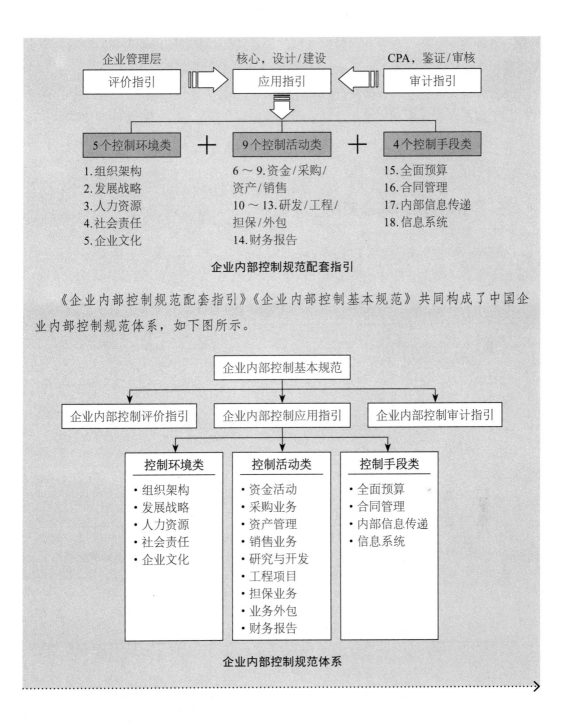

《企业内部控制规范配套指引》《企业内部控制基本规范》共同构成了中国企业内部控制规范体系，如下图所示。

企业内部控制规范体系

二、内部控制的目标

内部控制的目标可归纳为以下五个方面。

（1）合理保证企业经营管理合法合规。

（2）合理保证企业资产安全。资产安全完整是投资者、债权人和其他利益相关者普遍关注的重大问题，是企业可持续发展的物质基础。良好的内部控制，应当为资产安全提供切实的制度保障。

（3）合理保证企业财务报告及相关信息真实完整。

（4）提高经营效率和效果。要求企业结合自身所处的经营、行业和经济环境，通过建立有效的内部控制，不断提高盈利能力和管理效率。

（5）促进企业实现发展战略。

三、内部控制的基本原则

《企业内部控制基本规范》明确了内部控制的全面性、重要性、制衡性、适应性及成本效益五个原则，具体如表4-1所示。

表4-1　企业内部控制的基本原则

原则	具体说明	要求
全面性原则	全面性原则，即内部控制在层次上应当涵盖企业董事会、管理层和全体员工，在对象上应当覆盖企业各项业务和管理活动，在流程上应当包括决策、执行、监督、反馈等各个环节	全面覆盖企业的生产经营过程，不留死角；全面梳理企业的业务流程
重要性原则	重要性原则，即应当针对重要业务与事项、高风险领域与环节采取更为严格的控制措施	在全面性原则的基础上，关注重要的业务和事项，突出重点，兼顾一般
制衡性原则	制衡性原则，即要求企业机构、岗位的设置应权责分明，有利于相互制约、相互监督。履行监督检查职能的部门应当具有良好的独立性，任何人不得拥有凌驾于内部控制之上的特殊权力	制衡性原则是内部控制的精髓，主要表现为不相容职务要分离，决策和执行要分离，执行和监督要分离。内控对事不对人，其理念就是不相信人，一切以制度为基础
适应性原则	适应性原则，即内部控制应当合理体现企业经营规模、业务范围、业务特点、风险状况以及所处的具体环境等内容，并随着企业外部环境的变化、经营业务的调整、管理要求的提高等不断完善	内部控制应相对稳定，不能朝令夕改
成本效益原则	成本效益原则，即企业应在保证内部控制有效性的前提下，合理权衡成本与效益的关系，争取以合理的成本实现更为有效的控制	大量工作实践证明，加强内控对于提高企业管理水平来讲，效益是远远大于成本的

四、内部控制的责任主体及职责

内部控制的责任主体应向上扩展到治理层（董事会），向下扩展到其他员工，如表4-2所示。

表4-2　内部控制的责任主体

序号	责任主体	具体职责
1	董事会	董事会是企业的常设权力机构，向股东大会负责，是股份公司的权力机构和管理、经营决策机构，是股东大会闭会期间行使股东大会职权的权力机构。董事会在内部控制中的主要职责表现为： （1）科学选择恰当的管理层并对其进行监督 （2）清楚了解管理层实施有效风险管理和内部控制的范围 （3）知道企业的最大风险承受能力 （4）及时知悉企业的重大风险以及管理层的应对措施 （5）负责企业内部控制的建立健全和有效实施
2	审计委员会	审计委员会是董事会设立的专门工作机构，主要负责公司内外部审计的沟通、监督和核查工作。审计委员会的主要职责包括： （1）审核外部审计机构的独立性及审计程序的有效性 （2）针对外部审计机构提供的非审计服务，制定政策并执行 （3）审核企业的财务信息及其披露情况 （4）监督企业内部审计制度的实施 （5）负责内部审计与外部审计时的沟通 （6）审查企业内部控制制度对重大关联交易的约定
3	管理层	管理层直接对企业的经营管理活动负责，在内部控制中承担重要责任，包括： （1）为高级管理人员提供支持和指引 （2）定期与主要职能部门（营销、生产、采购、财务、人力资源等）的高级管理人员进行会谈，并对他们的工作进行核查 （3）负责企业内部控制的日常运行
4	风险管理部门	风险管理部门的职责包括： （1）制定风险管理政策 （2）确定各业务部门对风险管理的权利和义务 （3）提高整个企业的风险管理能力 （4）负责风险管理与其他经营计划和管理活动的整合 （5）建立一套通用的风险管理体系 （6）帮助管理人员制定风险管理报告规程 （7）向董事会或管理层等报告企业风险管理的进展和存在的问题
5	财务部门	财务活动应当贯穿企业经营管理的全过程。财务部门负责人在企业制定目标、确定战略、分析风险和作出管理决策时扮演着非常关键的角色

序号	责任主体	具体职责
6	内部审计部门	内部审计部门在评价内部控制的有效性以及提出改进建议方面起着关键作用，企业管理层应： （1）授予内部审计部门适当的权利，以确保审计工作有效实施 （2）慎重任免内部审计部门负责人 （3）确保内部审计部门负责人与董事会及其审计委员会的沟通顺畅 （4）赋予内部审计部门追查异常情况的权利和提出处理、处罚建议的权利
7	企业员工	所有员工都在内部控制中承担相应的职责并发挥积极的作用。管理层应当重视员工的作用，并为员工诉求提供信息渠道

五、内部控制的五大要素

企业实现整体控制目标，必须具备内部环境、风险评估、控制活动、信息与沟通、内部监督等五要素，如图4-1所示。

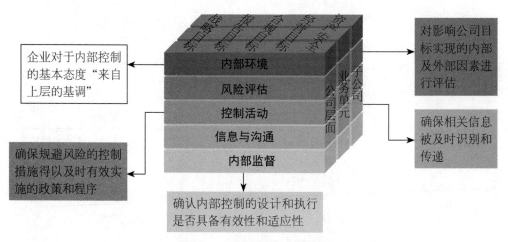

图4-1　内部控制的五大要素

1.内部环境

内部环境处于内部控制五大要素之首，具体包括治理结构、机构设置及权责分配、内部审计、人力资源政策、企业文化、法律环境等，如表4-3所示。

表4-3　内部环境的内容

序号	项目	说明
1	治理结构	治理结构由股东大会、董事会、监事会和管理层组成，决定着企业的内部决策过程和利益相关者参与企业治理的办法，主要作用在于协调企业内部不同权利主体之间的经济矛盾，克服或减少代理成本

序号	项目	说明
2	机构设置及权责分配	董事会在企业管理层中居于核心地位，董事会应该对企业内部控制制度的建立、完善和有效运行负责。监事会负责对董事会建立与实施内部控制进行监督。企业管理层对内部控制制度的有效执行负责，处于不同层级的管理者掌握着不同的控制权利并承担不同的责任，同时，相邻层级之间存在着控制和被控制的关系
3	内部审计	内部审计是内部控制的一种特殊形式，主要包括财务会计、管理会计和内部控制检查。内部审计具有监督、评价、控制和服务四种职能，主要起防护性作用和建设性作用。防护性作用是通过检查和评价企业内部的各项经济活动，发现那些不利于企业目标实现的环节和方面，防止企业产生不良后果。建设性作用是内部审计部门针对管理和控制中存在的问题和不足，提出富有建设性的意见和改进方案，从而协助企业改善经营管理，提高经济效益，实现最终目标
4	人力资源政策	规范的人力资源政策对企业更好地贯彻和执行内部控制有很大的帮助，还能确保执行人员的胜任能力和正直品行。从某种意义上说，企业内部控制的成效取决于员工的素质，因此，员工素质控制是内部控制的一个重要因素。员工素质控制主要体现在企业招聘、培训、考核、晋升与奖励等方面
5	企业文化（核心价值的建立）	企业文化是一切从事经济活动的组织中形成的组织文化，是企业在长期的经营实践中形成的共同思想、作风、价值观念和行为准则，是具有企业个性的信念和行为方式。企业文化包含四个要素：制度文化、物质文化、行为文化、精神文化，它们相互影响、相互作用，共同形成企业文化的完整体系
6	法律环境	如果企业各层级没有较强的法律意识，不能充分识别法律风险，并对其进行有效控制，轻则给企业带来经济损失，重则会给企业带来灭顶之灾

2.风险评估

风险评估是企业辨认和分析与实现目标有关的风险的过程。风险评估是风险控制的基础。此处所讲的风险评估是一个比较宽泛的概念，包括了风险管理的全过程，即目标设置、风险识别、风险分析、风险应对。

（1）目标设置

《企业内部控制基本规范》第二十一条规定："企业开展风险评估，应当准确识别与实现控制目标相关的内部风险和外部风险，确定相应的风险承受度。风险承受度是企业能够承担的风险限度，包括整体风险承受能力和业务层面的可接受风险水平。"所以企业只有设定风险承受度，才能全面系统持续地收集相关信息，然后结合自身实际情况，及时进行风险评估。

（2）风险识别

风险识别实际上是收集有关损失原因、危险因素及损失暴露等方面信息的过程。风险识别作为风险评估过程的重要环节，主要回答的问题是：存在哪些风险、哪些风险应予以考虑、引起风险的主要因素是什么、这些风险所造成的后果及严重程度如何、风险识别的方法有哪些等。企业在风险评估过程中，更应当关注引起风险的主要因素，准确识别与实现控制目标有关的内部风险和外部风险，具体内容如表4-4所示。

表4-4　应当准确识别的风险因素

内部风险因素	外部风险因素
（1）董事、监事、经理及其他高级管理人员的职业操守，员工的专业胜任能力等人力资源因素 （2）组织机构、经营方式、资产管理、业务流程等管理因素 （3）研究开发、技术投入、信息技术运用等自主创新因素 （4）财务状况、经营成果、现金流量等财务因素 （5）营运安全、员工健康、环境保护等安全环保因素，以及其他因素	（1）经济形势、产业政策、融资环境、市场竞争、资源供给等经济因素 （2）法律法规、监管要求等法律因素 （3）安全形势、文化传统、社会信用、教育水平、消费者行为等社会因素 （4）技术进步、工艺改进等科学技术因素 （5）自然灾害、环境状况等自然环境因素，以及其他因素

（3）风险分析

企业应对识别出的风险进行分析。企业进行风险分析时，应当充分吸纳专业人员，组成风险分析团队，按照严格规范的程序开展工作，以确保风险分析结果的准确性。

（4）风险应对

在风险识别和风险分析的基础上，企业应该结合自身的实际情况，选择合适的风险应对策略。企业风险应对策略有表4-5所示的四种，即风险规避、风险降低、风险分担、风险承受。

表4-5　风险应对的四种策略

序号	策略	说明
1	风险规避	企业对超出风险承受范围的风险，通过放弃或者停止与该风险相关的业务活动等方式来避免和减轻损失。这是控制风险的一种最彻底、最有力的措施。它与其他的风险控制方法不同，它是在风险发生之前，将所有风险因素完全消除，从而彻底消除某一特定风险事故发生的可能性。同时，它也是一种消极的风险应对措施，因为选择了这一策略，也就放弃了可能从风险中获得的收益

续表

序号	策略	说明
2	风险降低	企业在权衡成本效益之后，采取适当的控制措施降低风险或者减轻损失，将风险控制在可承受范围之内。这是风险管理中最积极主动也是最常见的一种风险应对方法，包括两类措施，即风险预防和风险抑制
3	风险分担	企业借助他人力量，采取业务分包、购买保险等方式将风险控制在可承受范围之内，主要措施包括业务分包、购买保险、出售、订立开脱责任合同以及合同中设定转移责任条款五种
4	风险承受	企业对风险承受范围之内的风险，在权衡成本效益之后，不准备采取控制措施来降低风险或者减轻损失。这也是一种最普通、最省事的风险应对策略

风险应对策略是根据企业的风险偏好和风险承受范围确定的。风险规避策略是企业在采用其他任何风险应对措施都不能将风险降低到风险承受范围之内的情况下采用的；风险降低和风险分担策略则是通过相关措施，使企业的剩余风险与企业的风险承受度相一致；风险承受则意味着风险在企业可承受范围之内。企业应该根据实际情况及时调整风险应对策略。

3.控制活动

《企业内部控制基本规范》第二十八条明确了企业风险控制的措施，如图4-2所示。

图4-2　企业风险控制的措施

（1）不相容职务分离控制

不相容职务是指那些不能由一人兼任的职务，因为，只有一个人的话，既可弄虚作假，又能掩盖舞弊行为。不相容职务分离控制就是，这些不相容职务由两人以上担任，以便于相互监督。

企业中的不相容职务一般有：授权审批与业务申请、授权审批与业务执行职务、业务执行与监督审核、业务执行与会计记录、财产保管与会计记录、明细账记录与总账记录、业务执行与财产保管、财产保管与财产核查等。

对于不同的业务，不相容职务分离控制的具体内容也不同。主要业务不相容职务分离控制的要点如表4-6所示。

表4-6　主要业务不相容职务分离控制的要点

序号	业务	控制要点
1	货币资金	（1）管钱的不能管账，管账的不能管钱 （2）负责应收款项账目的人员不能同时负责现金收入账目的工作，负责应付款项账目的人员不能同时负责现金支出账目的工作 （3）保管支票簿的人员既不能同时保管印章，也不能同时负责现金支出账目和银行存款账目的调节 （4）负责银行存款账目调节的人员与负责银行存款账目、现金账目、应收款项目及应付款项目登记的人员应当分离 （5）货币资金支出的审批人员与出纳人员，支票保管人员和银行存款账目、现金账目的记录人员应当分离 注意：企业应结合自身实际情况，对办理货币资金业务的人员定期安排职务轮换；对关键的财会人员，可以实行强制休假政策，并在最长不超过五年的时间内安排职务轮换
2	采购与付款业务	（1）物资请购人员不能与请购审批人员为同一人 （2）市场价格调查与供应商确定这两项工作不能由同一人执行，以防有关业务人员与供应商勾结，蒙骗企业，使企业受损 （3）订立采购合同与合同审核不能由同一人执行，同样也是为了防止内部人员与供应商勾结，签订对企业不利的合同 （4）采购、验收与相关会计记录职务应该相互分离 （5）付款申请、审批与执行职务应该相互分离 注意：企业也可以根据实际情况对办理采购业务的人员定期安排职务轮换，防止采购人员利用职务便利收受商业贿赂、损害企业利益
3	存货业务	（1）物资的请购与审批、审批与执行职务相分离，目的是防止随意采购物资，造成企业资金浪费 （2）物资的采购与验收付款职务相分离，目的是防止有关人员弄虚作假、以次充好、以少充多、从中得利 （3）存货保管与相关会计记录职务相分离，目的是防止有关人员利用账务处理来掩盖舞弊 （4）存货发出的申请与审批、申请与会计记录职务相分离，目的是防止出现存货流失、浪费等现象 （5）存货处置的申请与审批、申请与会计记录职务相分离，目的同上 注意：企业不得安排同一部门或同一人员办理存货的全部业务，应根据实际情况对办理存货业务的人员安排职务轮换
4	对外投资业务	（1）对外投资项目的可行性研究与评估职务相分离，目的是防止企业内部人员与被投资方串通，擅自更改投资项目的可行性报告，高估投资收益，低估投资风险 （2）对外投资的决策与执行职务相分离，目的是防止内部人员与被投资方串通，以牺牲企业利益为代价从中得利 （3）对外投资决策的审批与执行相分离，目的是防止内部人员违背企业利益，滥用审批权力 （4）对外投资绩效评估与执行职务相分离，目的是客观、公正地反映企业的投资绩效

续表

序号	业务	控制要点
5	工程项目业务	（1）将提出项目建议书、对项目进行可行性研究、负责项目决策的职务分离开，可以在一定程度上保证项目决策的合理性，防止在项目决策中出现舞弊行为 （2）分别设置不同的职务来编制工程项目概预算和对概预算进行审核。从本质上来说，工程项目概预算是合理确定建设工程价格的工具，也是实施项目的重要参考依据，因此必须由专人负责。而工程项目概预算的审核是对工程项目概预算合理性、合法性的监督与检查，也是促使工程项目概预算编制水平提高的重要手段，因此必须设置专门的职位，由专人负责 （3）要设置不同的职务进行工程项目决策和工程项目实施，这在一定程度上可以保证项目实施的合法性、合规性，防止相关人员从中徇私舞弊、图谋私利 （4）负责项目实施的人员不能同时负责价款的审核与支付，否则，有关人员很容易在工程价款上做手脚 （5）项目实施和项目验收要由不同的人员来执行，否则，就像一个人既当运动员又当裁判员，不但不能保持客观公正性，还可能掩饰犯罪行为 （6）由于竣工计算可以综合、全面地反映项目的建设成果和财务情况，而竣工决算的审查则可以表明竣工决算的真实性、合法合规性等，因此，必须由不同的人员实施
6	销售与收款业务	（1）客户信用调查评估与销售合同审批签订职务相分离，目的是防止有关业务人员与客户串通，骗取企业的商品 （2）销售合同的审批、签订与发货职务相分离 （3）销售货款的确认、回收与相关会计记录职务相分离，目的是防止有关人员在货款上实施舞弊行为后利用账务处理来掩饰 （4）销售退回货品的验收、处置与相关会计记录职务相分离 （5）销售业务办理与发票开具、管理职务相分离 （6）坏账准备的计提与审批、坏账的核销与审批等职务相分离。目的是防止会计人员与客户串通，多计提坏账，骗取企业的应收账款，使企业蒙受损失
7	筹资业务	（1）筹资方案的拟定与决策职务相分离，目的是尽可能保证筹资方案的完善性和可行性 （2）筹资合同或协议的审批与订立职务相分离，目的是保证合同程序的严密性和有效性 （3）与筹资有关的各种款项偿付的审批与执行职务相分离，目的是防止有关人员私自将资金转出 （4）筹资业务的执行与相关会计记录职务相分离
8	成本费用业务	（1）成本费用定额、预算的编制与审批职务相分离。如果编制和审批为同一人，则不利于发现成本费用定额与预算编制中的问题，从而给企业管理层提供错误信息，或者成全编制人员的舞弊行为

序号	业务	控制要点
8	成本费用业务	（2）成本费用支出与审批职务相分离。如果这两个职务不分离，那就很容易出现成本费用"想用就用"的现象，这显然不利于企业对成本费用的控制 （3）成本费用支出与相关会计记录职务相分离。这两个职务的分离有利于揭示有关业务人员的舞弊行为，因此会计记录人员对成本费用的相关凭证进行审核，在一定程度上能为舞弊行为设置障碍 注意：对同一职务人员应定期做适当调整和更换，以防给有关业务人员在成本上舞弊提供充足的时间和条件
9	担保业务	由于担保业务不经常发生，因此没有必要单独设置担保业务职务，但也应确保担保业务的不相容职务相互分离。担保业务不相容职务相分离至少包括： （1）担保业务的评估与审批相分离，目的是降低企业内部道德风险，实现各部门横向制约 （2）担保业务的审批与执行相分离，目的是降低企业担保业务的风险 （3）担保业务的执行和核对相分离，目的同上 （4）担保业务相关财产保管和担保业务记录相分离，目的是确保业务可追溯
10	固定资产业务	（1）固定资产投资预算的编制与审批、审批与执行职务相分离，目的是防止滥用企业资金 （2）固定资产采购、验收与款项支付职务相分离，目的是防止有关人员弄虚作假、以次充好、以少充多、从中得利 （3）固定资产投保的申请与审批职务相分离，目的是防止有关人员在投保中串通外人而获利 （4）固定资产处置的申请与审批、审批与执行职务相分离，目的是防止固定资产流失 （5）固定资产取得与处置业务的执行与相关会计记录职务相分离，目的是防止有关人员利用账务处理来掩盖舞弊 注意：同一部门或个人不得办理固定资产的全部业务
11	计算机信息系统	系统开发和变更过程中的不相容职务（或职责）一般包括：开发（或变更）审批、编程、系统上线、监控。系统访问过程中不相容职务（或职责）一般包括：申请、审批、操作、监控。上述职务中的任意两个都必须分开
12	预算业务	（1）预算编制（含预算调整）与预算审批职务相分离 （2）预算审批与预算执行职务相分离 （3）预算执行与预算考核职务相分离
13	合同业务	（1）合同谈判与审批职务相分离 （2）合同审批与执行职务相分离

总之，企业必须合理地设置组织结构，明确各部门和各岗位的权责，形成相互牵制的机制。

（2）授权审批控制

授权审批控制要求企业根据常规授权和特别授权的规定，明确各岗位办理业务的权限范围、审批程序及相应职责。

① 授权体系的建立。企业应当制定常规授权的权限指引，明确特别授权的范围、权限、程序和责任。不论采用哪种授权批准方式，企业都必须建立授权批准体系，控制要点如图4-3所示。

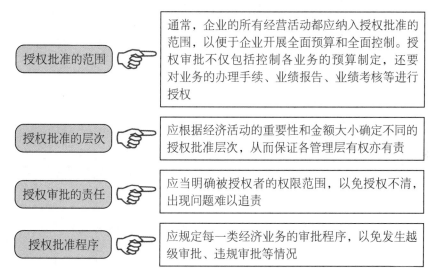

图4-3 授权审批控制要点

② 授权批准的原则。为了使授权批准制度取得良好的效果，企业一定要遵循图4-4所示的四个原则。

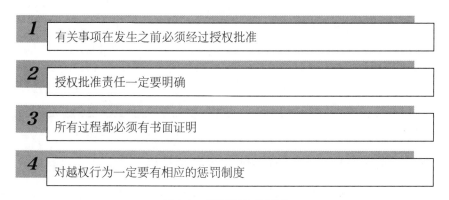

图4-4 授权批准的原则

③ 主要业务授权审批的控制要点。授权审批控制贯穿于企业所有业务之中，企业主要业务授权审批的控制要点如表4-7所示。

表4-7　企业主要业务授权审批的控制要点

序号	业务	控制要点
1	存货	企业应当对存货业务建立严格的授权批准制度，除了基本的要求外，还应该尽量满足以下两个要求： （1）对于重要的以及技术性较强的存货业务，应当组织专家进行论证，实行集体决策和审批，防止因决策失误而造成严重损失 （2）应当按照规定的程序办理存货业务。在办理存货业务时，各个环节都要留有相关的记录和凭证
2	销售与收款	企业应当在科学合理的岗位分工的基础上，建立销售与收款业务授权制度和审核批准制度，并严格按照规定的权限和程序办理销售与收款业务。授权批准制度一般包括以下内容： （1）销售合同签订和审批的授权 （2）货物发出和入库的授权 （3）货款确认和收回的授权 （4）会计处理的授权 （5）意外情况的特殊授权
3	担保授权与审核批准	（1）担保授权制度。企业应根据经济活动的重要性和金额大小确定不同的授权批准层次，并在合理分工的基础上，赋予各层管理人员相应的权限和相应的责任 （2）审核批准制度。审核批准制度应包括以下两个方面： ① 担保责任、担保标准、担保条件等，企业对此应作出明确的规定，并明确担保业务的审批权限 ② 审批人应根据担保业务授权批准制度的规定，在授权范围内进行审批，不得超越权限审批
4	合同	（1）企业应当建立合同授权委托代理制度，明确内部各部门与各岗位的授权范围、授权期限和被授权人条件等 （2）企业应当根据部门经济业务性质、组织机构设置和管理层级安排，建立合同分级管理制度。属于上一级合同管理单位的合同，下一级单位不得签订 （3）企业应当实行合同归口管理制度。企业可以根据合同管理需要指定合同归口管理部门，负责对本级及下级合同事务进行规范管理。归口管理部门一般应当设立法律事务岗位，由具有法律专业资格的人员担任

（3）会计系统控制

会计系统控制主要是对会计主体发生的各项能用货币计量的经济业务进行记录、归集、分类、编报等控制，其内容主要包括：

① 依法设置会计机构，配备会计从业人员。

② 建立会计工作岗位责任制，对会计人员进行科学合理的分工，使之相互监督和制约。

③ 按照规定取得和填制原始凭证。

④ 设计合理的凭证格式。

⑤ 对凭证进行连续编号。

⑥ 设置合理的凭证传递程序。

⑦ 明确凭证的装订和保管要求。

⑧ 合理设置账户，登记会计账簿，进行复式记账。

⑨ 按照《中华人民共和国会计法》和国家统一的会计准则编制、报送、保管财务报告。

（4）财产保护控制

财产保护控制的主要措施如图4-5所示。

财产记录和实物保管

要妥善保管涉及资产的各类文件资料，避免记录受损、被盗、被毁。对于重要的文件资料，应当留有备份

定期盘点和账实核对

定期对实物资产进行盘点，并将盘点结果与会计记录进行比较。盘点结果与会计记录如不一致，应当分析原因，查明责任，完善管理制度

限制接近

严格限制未经授权的人员与资产直接接触，只有经过授权批准的人员才能接触资产

图4-5　财产保护控制的主要措施

（5）预算控制

预算控制的主要环节有：

① 确定预算的项目、标准和程序。

② 编制和审定预算。

③ 预算指标下达和落实责任人。

④ 预算执行的授权。

⑤ 预算执行过程的监控。

⑥ 预算差异的分析和调整。

⑦ 预算业绩的考核和奖惩。

（6）运营分析控制

运营分析控制要求企业建立运营情况分析制度，管理层应当综合利用生产、购

销、投资、融资、财务等方面的信息，通过因素分析、对比分析、趋势分析等方法，定期开展运营情况分析，对存在的问题，及时查明原因并加以改进。

（7）绩效考评控制

绩效考评控制要求企业科学设置考核指标体系，对内部各职能部门和全体员工的业绩进行定期考核和评价，并将考评结果作为员工薪酬调整以及职务晋升、评优、降级、调岗等的依据。

此外，常用的控制方法还有内部报告控制、复核控制、人员素质控制等。

4.信息与沟通

及时、准确、完整地收集、加工、整理决策所需的信息，是管理活动的重要组成部分。为此，《企业内部控制基本规范》第三十八条明确规定，企业应当建立信息与沟通制度，明确内部控制相关信息的收集、处理和传递程序，确保信息及时沟通，促进内部控制有效运行。这里的内部信息控制一般包括信息资源收集、信息沟通渠道、信息披露、信息系统等，是影响企业内部环境、风险评估、控制活动、内部监督等方面的信息。

（1）信息资源收集

企业应持续不断地识别、收集、整理与归纳来自内部与外部、经营与管理的各种信息，并针对不同的信息来源和信息类型，明确信息的收集人员、收集方式、传递程序、报告途径和加工与处理要求，确保经营与管理的各种信息得到及时、准确、完整的传递。

（2）信息沟通渠道

企业应建立顺畅的、贯穿整个企业的信息沟通渠道，确保企业目标、风险策略、风险现状、控制措施、员工职责、经营状况、市场变化等各种信息在企业内部得到有效的传递。企业还应建立适当的外部沟通渠道，与企业的相关方如供应商、客户、律师、股东、监管机构、外部审计师等，就相关信息进行必要的沟通。

（3）信息披露

企业应制定完善的信息披露管理制度，明确重大事项的判定标准和报告程序，确定重大信息的收集、汇总和披露程序，并满足资本市场监管要求。

（4）信息系统

企业应将信息技术应用于风险管理的各项工作，利用信息系统对经营管理进行过程控制，对信息进行采集、存储、加工、分析、测试、传递、报告和披露等，从而实现对各种风险的计量和定量分析、定量测试；适时反映风险矩阵和排序频谱、重大风险和重要业务流程的监控状态，并进行重大风险预警；满足风险管理内部信息报告制度和企业信息对外披露管理制度的要求。

　　信息系统应确保信息在各职能部门、业务单位之间实现集成与共享，既能满足单项业务风险管理的要求，也能满足企业整体和跨职能部门、业务单位的风险管理要求、信息系统的控制措施如图4-6所示。

建立信息系统总体控制	建立信息系统应用控制	建立流程管理信息系统
建立包括信息系统控制环境、信息安全、项目建设管理、系统变更管理、系统运行维护、最终用户操作等方面的信息系统总体控制规范与规章制度	全面识别应用系统的相关风险，建立完善的应用系统控制规范，对应用系统的输入、处理和输出进行有效控制。企业信息系统提供的信息应满足一致性、准确性、及时性、可用性和完整性的要求。企业应确保信息系统稳定安全地运行，并根据实际需要不断进行改进、完善或更新	建立统一的业务流程管理平台，实现业务流程语言、设计规范、管理制度、控制措施、流程发布的统一管理，建成满足全面风险管理，具有开放性、可拓展性的流程管理信息系统

图4-6　信息系统的控制措施

5.内部监督

　　内部监督是内部控制体系中不可或缺的部分，是内部控制得以有效实施的有力保障，具有非常重要的地位。

　　（1）内部监督的分类

　　内部监督分为日常监督和专项监督，如图4-7所示。

指企业对建立与实施内部控制进行常规、持续的监督检查

指企业在发展战略、组织结构、经营活动、业务流程、关键岗位员工等发生较大调整或变化的情况下，对内部控制的某一方面或者某些方面进行有针对性的监督检查

图4-7　内部监督的分类

　　（2）内部控制缺陷

　　内部控制缺陷是描述内部控制有效性的一个负向维度。企业开展内部控制评价，主要就是为了找出内部控制缺陷并进行有针对性的整改。内部控制缺陷按不同的标准可分为不同的类别，具体如表4-8所示。

表4-8　内部控制缺陷的分类

分类标准	类别	说明
基本分类	设计缺陷	缺少实现目标所必需的控制；现有的控制措施设计不当，即使正常运行，也难以实现预期的目标
	运行缺陷	现有的控制没有按设计意图运行；执行人员没有获得必要的授权或缺乏胜任能力，无法有效地实施内部控制
按严重程度分类	重大缺陷	是不能及时防止或发现并纠正财务报表重大错报的一项控制缺陷或多项控制缺陷的组合
	重要缺陷	是严重程度不如重大缺陷但足以引起监督机构（如审计委员会或类似机构）关注的一项控制缺陷或多项控制缺陷的组合
	一般缺陷	是内部控制中存在的除重大缺陷和重要缺陷之外的控制缺陷

（3）内部控制自我评价

内部控制自我评价是指企业为实现目标、控制风险而对内部控制系统的有效性和恰当性进行自我评价的方法。在企业进行内部控制自我评价的过程中，评价人员要判断内部审计流程是否有效，确定流程能否保证企业的经营顺利进行。内部控制自我评价不仅是内部审计工作的任务，也是企业管理人员应该注重的问题。

六、企业内控的核心节点

企业内控的核心节点如表4-9所示。

表4-9　企业内控的核心节点

序号	核心节点	节点措施
1	组织结构	企业应严格按照企业的性质，建立符合企业特点的组织结构。企业的组织结构一般包括治理结构和内部组织结构。比如说，上市公司要按照要求，建立规范的股东会、董事会、监事会、经理层以及各级别专业委员会的议事规则，明确决策、执行、监督等方面的职责，形成科学有效的制衡机制。内部组织结构主要是为完成企业经营管理所设立的各职能部门
2	发展战略	企业应在对实际情况和未来趋势进行分析和预测的基础上，提出长期的发展目标和战略规划。在市场经济环境下，企业要想实现可持续发展，关键在于制定适应企业内外部环境的发展战略
3	人力资源	企业应制定并实施有利于企业可持续发展的人力资源政策。人力资源政策应当至少包括：规范员工的聘用、培训、辞退与辞职程序；完善员工的薪酬、考核、晋升与奖惩机制；制定关键岗位定期轮换制度；加强员工培训和继续教育，不断提升员工素质

序号	核心节点	节点措施
4	社会责任	社会责任是指企业在生产经营过程中对社会应当履行的责任和义务，包括安全生产、质量诚信、公平竞争、保护员工合法权益、保护环境、节约资源、促进就业、关注慈善事业等。企业在履行社会责任的同时，也会提高企业的市场开拓能力、促进企业创新、树立企业形象、增强企业竞争力，与社会、环境实现全面协调发展
5	企业文化	企业应加强企业文化建设，统一企业文化理念，规范企业形象标识，制定并执行统一的员工行为守则，培育员工积极向上的价值观和社会责任感，倡导诚实守信、爱岗敬业、开拓创新和团队协作精神，树立现代企业管理意识
6	资金活动	企业经营活动的价值体现即为资金活动，资金活动包括筹资、投资和资金运营，资金活动的运行关系到企业的存亡。企业应评估筹资、投资业务中存在的风险，在企业筹资、投资业务中加强对会计系统的控制，确保业务账务处理准确，相关文件齐全，企业管理层可以随时掌握资金情况。同时企业应加强营运资金管控，确保营运资金平衡，提高资金周转效率，灵活调度资金，实现对资金活动的有效管控
7	采购业务	采购是企业生产经营的起点，也是企业实物流与资金流的连接枢纽之一。采购业务的环节不多，包括采购计划制订、采购定价方式与供应商选择、采购合同审核与签订、验收入库等活动，但是采购活动的运行直接影响企业的持续生产经营。企业应健全采购业务制度，确保采购活动与财务、仓库、生产等部门紧密衔接，以实现企业生产经营的高效运行
8	资产管理	企业中的存货、无形资产、固定资产在企业资产总额中占比较大，如何发挥此类资产的使用效能成为现代企业资产管理的重点。企业应控制存货数量，防范库存不足或库存积压风险，避免过高的资金占用和资产贬值；关注固定资产更新改造与维护，确保企业产能与生产相适应，避免资源浪费；增加企业无形资产中核心技术的占比，实现企业的可持续发展
9	销售业务	销售业务是企业获取利润的直接环节，同时，销售业务也会影响企业生产经营其他环节业务活动的开展。销售业务一般包括销售计划制订、客户开发与信用管理、销售合同订立、收款出库等。企业应健全销售业务制度，确保销售活动与财务、仓库、生产等部门紧密衔接，确保企业实现销售目标
10	研究与开发	通过研发新产品、开创新工艺，可以使企业在市场竞争中占据领先地位，占领更多的市场份额，增强自身的核心竞争力。研发活动作为高收益活动，同时伴随着周期长、成本高的高风险。研发活动的管控可从立项、研发过程管理、结题验收、研究成果保护等业务流程进行。通过环节控制企业可实现风险降低、转移、分散等目的
11	工程项目	工程项目一般包括立项、招标、设计、施工及竣工五个流程，企业对工程项目进行内部管控时应抓住两条线，一是资金线，包括项目投资估算、设计概算、施工图预算、合同价、结算价及竣工决算；二是制度线，包括工程项目的招投标制度、质量控制制度、进度控制制度、安全管理制度、采购管理制度、合同管理制度、档案管理制度等

序号	核心节点	节点措施
12	担保业务	担保业务的流程不外乎受理申请、调查评估、审批、签订担保合同、日常监控等。其中，调查评估和日常监控环节企业应当格外关注。企业不仅要确保被担保企业的资信情况符合要求，还要持续跟踪关注其经营管理情况
13	业务外包	企业通过业务外包可以在一定程度上转移内部管控风险，但同时也会增加外包单位的选择风险
14	财务报告	财务报告是企业内部控制的内容之一，可为企业投资者、债权人作出投资决策提供依据，财务报告的编制及相关财务分析、对重大事项的披露、对账管理活动、关联方交易控制等业务活动，对于确保财务报告的真实完整具有重要意义
15	全面预算	企业应严格实施预算控制，控制预算目标的分解，规范预算的编制、审批、上报、下达和分解等程序，强化预算约束，严格控制预算调整的条件与程序，完善预算考核机制，建立全面的预算管理体制
16	合同管理	合同产生于企业的各种经营活动，是连接企业与外部单位的纽带。企业应严格控制合同的调查、谈判、审核、签订、结算、履行后评价、解除等各环节活动，防范企业经营风险与财务风险，维护自身的合法权益，避免不必要的法律纠纷或损失
17	信息与沟通	企业应全面加强内外信息沟通，明确相关信息的收集、处理和传递程序，确保信息及时传递，信息披露规范，并及时将重要信息传递给董事会、监事会和经理层
18	信息系统	企业应当重视信息系统在内部控制中的作用，设置专门机构对信息系统进行归口管理，并根据内部控制要求，结合组织架构、业务范围、技术能力等因素，制订信息系统整体建设规划，有序开展信息系统开发、运行、维护，不断优化管理流程，防范经营风险

第二节 企业内部控制体系搭建

一、企业内控体系的框架搭建

企业内控体系框架的搭建依据四层分法。

1. 第一层分法（横向）

按行业，分传统制造类、化工类、金融投资类、房地产类、建筑施工类、物流类、商业流通类、服务类、移动互联类企业。

2.第二层分法（横向）

按企业所处阶段，分为培育期企业、成长期企业、成熟期企业、衰退期企业。

3.第三层分法（纵向）

按企业类型，分为多元化集团、专业化集团、单体企业、分支机构。

4.第四层分法（纵向）

按专业分类，企业的内控包括公司层面的控制、业务层面的控制和信息层面的控制，如图4-8所示。

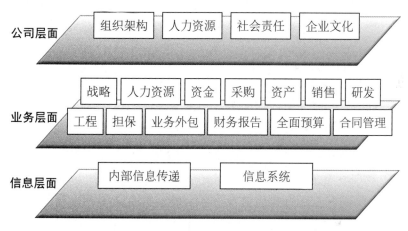

图4-8　第四层分法（纵向）的内控内容

企业如果没有根据四层框架分析来搭建内控体系，就会走入误区，使建立的内控体系不符合企业的实际情况，变成企业的负担。

某集团企业处在快速发展的阶段，分/子公司较多。站在集团的角度，如何实现对分/子公司的控制，内控与集团管控如何融合……面对如此复杂的环境，企业的内控建设宜从财务内控着手，开展财务内控管理体系的梳理和设计，原因有三：

第一，财务管理体系是整个集团运营的核心，解决了财务管理体系的关键矛盾，整个集团的内部控制难题就至少解决了一半。

第二，财务部门经理的业务水平较高，对生产经营的各个环节均有深刻和全面的认识，梳理各业务活动内部控制会有事半功倍的效果。

第三，从财务管理往企业价值链的前端延伸，可以将内控建设一直伸向销售、采购、生产、物流、研发、信息系统架构等各个环节，甚至可以最终延伸到人力资源管理、企业的组织架构、企业的治理层面。

二、进行风险评估

我国企业所处的发展阶段差异非常大，不同成长阶段、不同规模、不同所有制的企业，风险也不一样，集团企业更多关心战略风险、管控风险、法律风险、投资风险、资金风险，而单体企业更关心市场风险、生产风险、质量安全风险。风险不一样，内控缺陷的表现形式也不一样，控制的方式也会有很大的差异。所以，企业必须进行风险评估。

三、完善内部控制规则

企业经营存在风险，内控管理也可能存在缺陷，这就需要企业加强内控文化建设，通过完善一系列制度和流程，最终形成共同遵守的规则。

1.优化组织架构，清晰权责

组织架构是企业经营活动的承载者，也是流程控制的实施者，企业的组织架构应符合生产经营活动和内控的要求。

（1）组织架构的适宜性

一是组织形式应与发展阶段、规模、产品服务类型相匹配，如职能制、事业部制、矩阵制等。二是部门和岗位的设计既要满足价值链和业务流程的要求，也要满足内控的需要，如生产单元与成品库分设、采购决策与执行岗位不相容、会计与出纳岗位分设等。企业应考虑团队成熟度、管理层级等因素设计部门和岗位，确保控制顺畅、高效运行，如图4-9所示。

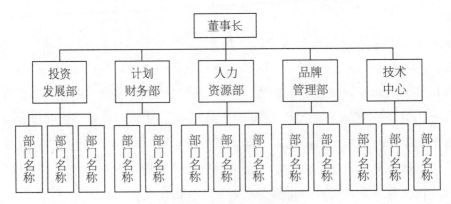

图4-9　企业的组织架构

（2）权利与义务的明确性

在确定组织架构的基础上，企业还要明确各部门的职责，确定各岗位的员工，形成岗位说明书，尤其要明确各部门、各岗位在内控体系中的职责，同时结合业务流程，形成每个岗位的权责清单。

2.梳理各项业务的流程

内控措施是要嵌入流程中的，所以企业要先梳理流程，然后实施流程再造。流程梳理的关注点如图4-10所示。

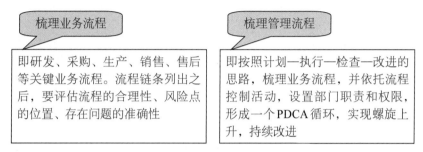

图4-10　流程梳理的关注点

3.制定各项内控措施

在流程再造的基础上，采取内控措施降低风险、消除风险才是目的。控制分为线上和线下两种形式，线上控制主要依托信息系统进行控制。根据风险的不同，企业可采取多样化的控制方式，如不相容控制、审核、审批、比对、编号控制、函证等。

4.组织编写内控文件

（1）内控管理体系的文件结构

规模大、产品多的企业，内控管理体系的文件结构如图4-11所示。

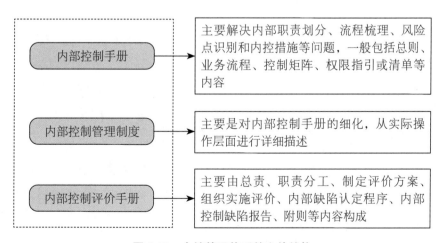

图4-11　内控管理体系的文件结构

企业可以根据自己的实际情况，将上述内容进行合并、删减。

（2）文件编写注意事项

文件编写应注意图4-12所示的事项。

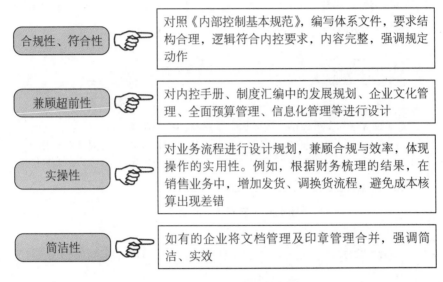

图4-12　文件编写注意事项

四、持续评价与提升

内部控制规范体系是企业内部控制应有的基本管理要求，在规范的基础上进行控制才是最有效率和效果的。内部控制改进体系是规范体系运行和完善的保障，只有建立监督改进机制，企业的规范体系才能很好地运行。

内控风险评价报告有时是用于上市公司披露信息，而企业本身也需要定期提报一份真实的内控评价报告，让决策层清楚地知道企业存在哪些风险，通过控制措施降低了哪些风险，还存在哪些剩余风险。

定期评价，不断改进循环，企业才能处在稳定上升的发展态势中。内控风险评价不仅能帮助企业找到风险，而且能提高企业的风险评估能力，帮助企业设计风险应对模型，合理地评估存在的剩余风险。

剩余风险是指那些未能被企业控制的战略风险和流程风险。一般来说，剩余风险往往会给企业带来一定的法律后果。它可能导致企业财务报表存在重大错报，也可能导致企业管理层舞弊，严重的还可能导致企业破产。对于这类风险，企业管理层需要有敏锐的嗅觉、足够的勇气，去面对市场竞争中的不确定因素。

第三节　企业内部控制自我评价

内部控制自我评价是《企业内部控制基本规范》的要求，也是管理审计的重要组成部分。内部评价的关键是建立评价标准与评价流程，明确内控缺陷的认定标准，规范评价报告的编写。

一、内部控制评价的内容

1.企业对与实现整体控制目标相关的五大要素进行评价

企业应当对与实现整体控制目标相关的内部环境、风险评估、控制活动、信息与沟通、内部监督等要素进行全面、系统、有针对性的评价。评价内容包括但不限于：

（1）企业组织结构与职责分工是否合理。

（2）各项内部控制制度及相关措施是否齐全、规范，是否与企业内部的组织管理相吻合。

（3）各项业务的处理与记录程序是否规范，执行是否有效。

（4）各项业务的授权、批准、执行、记录、核对、报告等手续是否完备。

（5）各岗位的职权划分是否符合不相容职务相互分离的原则，且职权履行是否得到有效控制。

（6）是否有严格的岗位责任制度和奖惩制度。

（7）关键控制点是否有必要的控制措施，控制措施是否得到有效执行。

（8）内部控制制度在执行中受管理层的影响程度。

企业内部控制评价包括对内部控制设计有效性和运行有效性的评价。内部控制设计有效性是指实现控制目标所需的内部控制要素齐全并且设计恰当；内部控制运行有效性是指现有内部控制制度按照规定程序得到了正确执行。

企业应当根据《企业内部控制基本规范》及应用指引的有关规定，建立与实施内部控制，并以此为依据和标准，组织开展内部控制评价工作。

2.企业集团对被评价单位内部控制的有效性进行评价

企业集团对被评价单位内部控制的有效性进行评价，至少应涉及下列内容。

（1）被评价单位内部控制是否在风险评估的基础上涵盖了企业各层面的风险以及

所有重要业务流程层面的风险。

（2）被评价单位内部控制的设计方法是否适当，内部控制建设的时间安排是否科学，阶段性工作的要求是否合理。

（3）被评价单位内部控制的设计和运行是否有效，人员配备、职责分工和授权是否合理。

（4）被评价单位是否开展内部控制自查并上报有关自查报告。

（5）被评价单位是否建立有利于促进内部控制各项政策实施和问题整改的机制。

（6）被评价单位在评价期间是否出现过重大风险事故等。

二、内部控制评价的程序

内部控制评价机构应当根据审批通过的方案组织实施内部控制评价工作，采用适当的方法收集、确认、分析相关信息，确定与实现整体控制目标相关的风险，并在此基础上识别相应的控制活动，然后对控制活动开展必要的测试，以获取充分、相关、可靠的证据，对内部控制的有效性进行评价，同时做好书面记录。

1.设立内部控制评价机构

企业应根据企业经营规模、组织机构、经营性质、制度情况等设立内部评价机构，遵循的原则如图4-13所示。

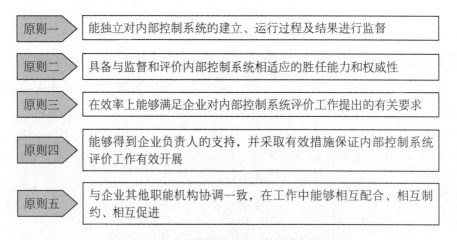

原则一	能独立对内部控制系统的建立、运行过程及结果进行监督
原则二	具备与监督和评价内部控制系统相适应的胜任能力和权威性
原则三	在效率上能够满足企业对内部控制系统评价工作提出的有关要求
原则四	能够得到企业负责人的支持，并采取有效措施保证内部控制系统评价工作有效开展
原则五	与企业其他职能机构协调一致，在工作中能够相互配合、相互制约、相互促进

图4-13 设立内部控制评价机构应遵循的原则

内部控制评价机构应当根据企业的整体控制目标，制定内部控制评价工作方案，明确评价目的、范围、组织、标准、方法、进度安排和费用预算等内容，并报管理层和董事会审批。

2.对内部控制制度的建立和执行情况进行调查

内部控制评价机构可通过审阅相关的规章制度、现场询问有关人员、实地观察等方式调查了解内部控制制度的建立和执行情况，并作出初步评价。

三、对内部控制进行测试

内部控制评价应当以风险为导向，遵循自上而下的原则，评价内容包括重要的分支机构、重要业务单元、重点业务领域或流程环节。重点要测试内部控制各个组成部分是否按规定的步骤、方法运行，各控制环节的内容、程序、方法等是否合理，相互之间的协调配合是否顺畅等。

内部控制的测试方法有许多，具体如表4-10所示。

表4-10　内部控制的测试方法

序号	测试方法	具体说明
1	个别访谈法	个别访谈法是指企业根据检查需要，与被查部门员工进行单独访谈，以获取有关信息
2	调查问卷法	调查问卷法是指企业设置问卷调查表，分别对不同层次的员工进行问卷调查，然后根据调查结果对相关项目作出评价
3	比较分析法	比较分析法是指通过分析比较数据间的关系、趋势或比率取得评价证据的方法
4	标杆法	标杆法是指通过与企业内外部相同或相似经营活动的最佳实务进行比较，从而对控制设计的有效性作出评价的方法
5	穿行测试法	穿行测试法是指通过抽取一笔业务的全过程文件来了解整个业务流程执行情况的评价方法
6	抽样法	抽样法是指企业针对具体的内部控制业务流程，按照发生频率及固有风险的高低，从确定的抽样总体中抽取一定比例的业务样本，对业务的符合性进行判断，从而对业务流程控制运行的有效性作出评价
7	实地查验法	实地查验法是指企业对财产进行盘点与清查，对存货出入库等控制环节进行现场查验
8	重新执行法	重新执行法是指通过重新执行某一业务活动的全过程来评价控制有效性的方法
9	专题讨论会法	专题讨论会法是指通过召集与业务流程相关的管理人员，就业务流程的特定项目或具体问题进行讨论及评估的一种方法

四、对内部控制进行评价

内部控制制度评价主要是对内部控制中的具体问题，特别是差错、浪费、损失、非授权使用或滥用职权等敏感问题进行评价，从而找出失控的原因，提出相应的改进、补救措施。

1.获取证据

企业应当通过评估和测试获取与内部控制有效性相关的证据，并合理保证证据的充分性和适当性。证据的充分性是指证据的数量能对评价控制的有效性提供合理保证；证据的适当性是指获取的证据与相关控制的设计与运行有关，并能可靠地反映控制的实际运行情况。

2.评价相关控制设计与运行的有效性

企业应当根据所搜集的证据，判断相关控制的设计与运行是否有效。企业在评价内部控制设计与运行有效性时，应当充分考虑下列因素。

（1）是否对风险制定了合理的细化控制目标。

（2）是否针对细化控制目标设定了对应的控制活动。

（3）相关控制活动是如何运行的。

（4）相关控制活动是否得到了持续一致的运行。

（5）实施相关控制活动的人员是否具备必要的权限和能力。

3.对内部控制缺陷进行分析

对内部控制评价过程中发现的问题，企业应当从定量和定性等方面予以衡量，判断其是否构成内部控制缺陷。存在下列情况之一的，企业应当认定内部控制设计或运行存在缺陷。

（1）未实现规定的控制目标。

（2）未执行规定的控制活动。

（3）突破规定的权限。

（4）不能及时提供控制运行有效的相关证据。

五、编写内部控制评价报告

内部控制评价报告主要说明内部控制程序是否符合国家有关规定，是否符合企业管理方针和政策，是否满足企业经营管理的需要，是否有利于企业经营目标的实现；

内部控制制度在运行中是否存在漏洞或缺陷，改进的措施、具体计划和进度安排是否合理等。

1. 内部控制评价报告的内容

企业应当结合年末控制缺陷的整改结果，编制年度内部控制评价报告。内部控制评价报告至少应当包括以下内容。

（1）内部控制评价的目的和责任主体。

（2）内部控制评价的内容和所依据的标准。

（3）内部控制评价的程序和所采用的方法。

（4）衡量重大缺陷严重偏离的定义，以及确定严重偏离的方法。

（5）被评估的内部控制整体目标是否有效的结论。

（6）被评估的内部控制整体目标如果无效，存在的重大缺陷及可能的影响、造成重大缺陷的原因及相关责任人。

（7）所有在评估过程中发现的控制缺陷，以及针对这些缺陷采取的补救措施等。

2. 内部控制评价报告的调整

企业可以根据被评估的内部控制整体目标的变化，适当调整评价报告的内容。企业应在评价报告中明确财务报表日之后至内部控制评价日发生的、可能影响财务报告控制目标有效性的所有重大变化。

3. 内部控制评价结果的处理

企业应定期对内部控制整体运行的有效性进行评价，出具评价报告，并向董事会、监事会和管理层报告内部控制设计与运行环节存在的主要问题，以及所采取的整改措施。内部控制评价报告可为企业进一步完善内部控制、提高经营管理水平和风险防范能力提供重要依据。

企业应对内部控制评价报告中列示的问题进行改进，并追究相关人员的责任。管理层和董事会应根据评价结论对相关单位、部门或人员实施适当的奖励和惩戒。

范本

××股份有限公司20××年度内部控制评价报告

××股份有限公司全体股东：

根据《企业内部控制基本规范》等法律法规的要求，我们对本公司

（以下简称"公司"）内部控制的有效性进行了自我评价。

一、董事会声明

公司董事会及全体董事保证本报告不存在任何虚假记载、误导性陈述或重大遗漏，并对报告内容的真实性、准确性和完整性承担个别及连带责任。

建立健全并有效实施内部控制是公司董事会的责任；监事会对董事会建立与实施内部控制进行监督；经理层负责组织实施公司的内部控制。

———————————————————————————————————

———————————————————————————————————

公司内部控制的目标是：（一般包括合理保证经营合法合规、资产安全、财务报告及相关信息真实完整，提高经营效率和效果，促进发展战略实现）。由于内部控制存在固有局限性，故仅能对达到上述目标提供合理保证。

———————————————————————————————————

———————————————————————————————————

二、内部控制评价工作的总体情况

公司董事会授权内部审计机构（或其他专门机构）负责内部控制评价的具体组织实施工作，对纳入评价范围的高风险领域和单位进行评价（描述评价工作的组织领导体制，一般包括评价工作组织结构图、主要负责人及汇报途径等）。

公司（是／否）聘请了专业机构（中介机构名称）实施内部控制评价，并编制内部控制评价报告；公司（是／否）聘请会计师事务所（会计师事务所名称）对公司内部控制有效性进行独立审计。

三、内部控制评价的依据

内部审计机构（或其他专门机构）根据中华人民共和国财政部等五部委联合发布的《企业内部控制基本规范》（下称《基本规范》）及《企业内部控制评价指引》（下称《评价指引》）的要求，结合公司内部控制制度和评价办法，在内部控制日常监督和专项监督的基础上，对公司截至20××年12月31日的内部控制设计与运行的有效性进行评价。

四、内部控制评价的范围

（一）内部控制评价的范围涵盖了公司及所属单位的各项业务和事项，重点关注下列高风险领域（列示公司根据风险评估结果确定的前"十大"主要风险）：

1.＿＿＿＿＿＿＿＿＿＿＿＿＿＿＿＿＿＿＿＿＿＿＿＿＿＿

2.＿＿＿＿＿＿＿＿＿＿＿＿＿＿＿＿＿＿＿＿＿＿＿＿＿＿

3.＿＿＿＿＿＿＿＿＿＿＿＿＿＿＿＿＿＿＿＿＿＿＿＿＿＿

......

10.＿＿＿＿＿＿＿＿＿＿＿＿＿＿＿＿＿＿＿＿＿＿＿＿＿

（二）纳入评价范围的单位包括（描述公司及其所属单位的范围）：

1.＿＿＿＿＿＿＿＿＿＿＿＿＿＿＿＿＿＿＿＿＿＿＿＿＿＿

2.＿＿＿＿＿＿＿＿＿＿＿＿＿＿＿＿＿＿＿＿＿＿＿＿＿＿

3.＿＿＿＿＿＿＿＿＿＿＿＿＿＿＿＿＿＿＿＿＿＿＿＿＿＿

......

（三）纳入评价范围的业务和事项包括组织架构、发展战略、人力资源、社会责任、企业文化、资金活动、采购业务、资产管理、销售业务、研究与开发、工程项目、担保业务、业务外包、财务报告、全面预算、合同管理、内部信息传递、信息系统（根据实际情况调整）。

上述业务和事项的内部控制涵盖了公司经营管理的主要方面，不存在重大遗漏。

（如存在重大遗漏）公司本年度未能对以下构成内部控制重要方面的单位或业务（事项）进行内部控制评价［逐条说明未纳入评价范围的重要单位或业务（事项），包括单位或业务（事项）描述、未纳入的原因、对内部控制评价报告真实完整性产生的重大影响等］。

1.＿＿＿＿＿＿＿＿＿＿＿＿＿＿＿＿＿＿＿＿＿＿＿＿＿＿

2.＿＿＿＿＿＿＿＿＿＿＿＿＿＿＿＿＿＿＿＿＿＿＿＿＿＿

3.＿＿＿＿＿＿＿＿＿＿＿＿＿＿＿＿＿＿＿＿＿＿＿＿＿＿

......

五、内部控制评价的程序和方法

内部控制评价工作严格遵循《基本规范》《评价指引》及公司内部控制评价办法规定的程序执行（描述公司开展内部控制评价工作的基本流程）。

＿＿＿＿＿＿＿＿＿＿＿＿＿＿＿＿＿＿＿＿＿＿＿＿＿＿＿＿

＿＿＿＿＿＿＿＿＿＿＿＿＿＿＿＿＿＿＿＿＿＿＿＿＿＿＿＿

评价过程中，我们采用了（个别访谈、调查问卷、专题讨论、穿行测试、实地查验、抽样和比较分析）适当方法，广泛搜集公司内部控制设计和运行有效与否的证据，如实填写评价工作底稿，分析、识别内部控制缺陷（说明评价方法的适当性及证据的充分性）。

_____

_____

六、内部控制缺陷及其认定

公司董事会根据《基本规范》《评价指引》中对重大缺陷、重要缺陷及一般缺陷的认定要求，结合公司规模、行业特征、风险水平等因素，研究确定了适用本公司的内部控制缺陷具体认定标准，并与以前年度保持一致（描述公司内部控制缺陷的定性及定量标准），或作出了调整（描述具体调整标准及原因）。

_____

_____

根据上述认定标准，结合日常监督和专项监督情况，我们发现报告期内存的____个缺陷，其中重大缺陷____个，重要缺陷____个。重大缺陷分别为（对重大缺陷进行描述，并说明其对实现相关控制目标的影响）：

_____

_____

七、内部控制缺陷的整改情况

针对报告期内发现的内部控制缺陷（含上一期间未整改完成的内部控制缺陷），公司采取了相应的整改措施（描述整改措施的具体内容和实际效果）。

_____

_____

对于整改完成的重大缺陷，公司有足够的测试样本证明，与重大缺陷（描述该重大缺陷）相关的内部控制设计与运行有效（需提供90天内有效运行的证据）。

_____

_____

经过整改，公司在报告期末仍存在____个缺陷，其中重大缺陷____个，重要缺陷____个。重大缺陷分别为（对重大缺陷进行描述）：

_____

_____

针对报告期末未完成整改的重大缺陷，公司拟进一步采取相应措施加以整改（描述整改措施的具体内容及预期达到的效果）。

八、内部控制有效性的结论

公司已经根据《基本规范》《评价指引》及其他相关法律法规的要求，对公司截至20××年12月31日的内部控制设计与运行的有效性进行了自我评价。

（存在重大缺陷的情形）报告期内，公司在内部控制设计与运行方面存在尚未完成整改的重大缺陷（描述该缺陷的性质及对实现相关控制目标的影响程度）。由于存在上述缺陷，可能会给公司未来生产经营带来相关风险（描述该风险）。

（不存在重大缺陷的情形）报告期内，公司对纳入评价范围的业务与事项均有效实施了内部控制，达到了公司内部控制的目标，不存在重大缺陷。

自内部控制评价报告基准日至内部控制评价报告发出日期间，（是／否）发生对评价结论产生实质性影响的内部控制重大变化（如存在，描述该事项对评价结论的影响及董事会拟采取的应对措施）。

我们注意到，内部控制应当与公司经营规模、业务范围、竞争状况和风险水平等相适应，并随着情况的变化及时加以调整（简要描述下一年度内部控制工作计划）。

未来期间，公司将继续完善内部控制制度，规范内部控制制度的执行，强化内部控制的监督检查，促进公司健康、可持续发展。

董事长：（签名）

××股份有限公司
＿＿＿年＿＿月＿＿日